# 供应链成本：改善供应链管理的新视角

鲍新中 著



人民交通出版社
China Communications Press

**图书在版编目（CIP）数据**

供应链成本：改善供应链管理的新视角 / 鲍新中著 . —北京：人民交通出版社，2009.11

ISBN 978-7-114-08062-3

Ⅰ. 供…　Ⅱ. 鲍…　Ⅲ. 物资供应－物资管理：成本管理

Ⅳ.F253.7

中国版本图书馆 CIP 数据核字（2009）第 207231 号

**书　　名**：供应链成本：改善供应链管理的新视角
**著 作 者**：鲍新中
**责任编辑**：乔文平
**出版发行**：人民交通出版社
**地　　址**：（100011）北京市朝阳区安定门外外馆斜街3号
**网　　址**：http：//www.ccpress.com.cn
**销售电话**：（010）59757969，59757973
**总 经 销**：北京中交盛世书刊有限公司
**经　　销**：各地新华书店
**印　　刷**：北京交通印务实业公司
**开　　本**：787 × 960　1/16
**印　　张**：17
**字　　数**：182千
**版　　次**：2009年11月第 1 版
**印　　次**：2009年11月第 1 次印刷
**书　　号**：ISBN 978-7-114-08062-3
**定　　价**：38.00元

# 前　　言

2005 年 1 月 1 日，有着 40 多年历史的美国物流管理协会（CLM）正式更名为美国供应链管理专业协会（CSCMP），标志着全球物流进入供应链时代的开始。这一变化从某种意义上揭示了 21 世纪国际物流发展的主流趋势——供应链整合管理。

这些年来，我一直坚持表达着这样的一个观点：不管是物流管理还是供应链管理，其核心是要降低物流成本和整个供应链的成本。因此，研究物流成本和供应链成本就显得更为重要。这样的一个观点源于我的专业背景。在东北大学攻读管理科学与工程专业硕士期间，我的研究方向就是物流管理，后来又从事财务会计方面的教学，双重的专业背景促使我多年来一直专心于物流成本和供应链成本的研究。2006 年初我通过电子工业出版社出版了《物流成本管理与控制》一书，并在 2008 年得以再版。在该书中强调了降低物流成本可以从两个方面着手，一方面是利用成本管理的方法，如成本性态分析、成本预算、作业成本管理、责任成本中心管理等，称为物流成本管理系统；另一方面是改善物流技术和加强物流功能的管理，如仓储管理、运输管理、配送管理等，称为物流成本日常控制系统。物流成本的综合管理与控制，就是要将物流成本管理系统与日常控制系统结合起来，形成一个不断优化的物流系统的循环。

通过一次次循环、计算、评价，使整个物流系统在不断地优化，最终找出其总成本最低的最佳方案。

在全球物流进入供应链时代的今天，本书仍将从成本的角度来看待供应链管理。对于供应链成本概念的认识，我最早得益于德国学者 Stefan Seuring 的思想，他提出了直接成本、作业成本和交易成本三个层次的供应链成本概念框架，但是并没有就每个层次进行更深入地分析其构成。本书在 Stefan Seuring 观点的基础上，结合对物流成本的研究成果，首先基于成本动因的分析提出了供应链成本由物流成本和交易成本两个部分组成，并对其构成与核算进行了研究。然后从降低供应链成本的视角，对提高供应链管理水平的途径进行了分析，最后从供应链成本管理的角度，提出了基于供应链的跨组织成本管理体系。本书的第七章和第八章是我在研究供应链成本管理中延伸出来两个问题，也在本书中一并介绍给读者。

从《物流成本管理与控制》到《供应链成本：改善供应链管理的新视角》，两本书的出版概括了我近年来的研究思路，也让我感到十分的欣慰。在此，我首先要感谢我国物流界老前辈吴清一教授，多年来和吴老师及他的弟子程国全老师、王转老师等一起，从事物流相关的研究，从一个一个的物流规划和咨询项目中不断地积累着对物流和供应链的深入认识，从他们身上我学到了很多。

1995 年我来到北京科技大学经济管理学院任职，并在任教期间获得了博士学位。感谢学院的领导、同事们在我任职期间特别是在职攻读博士学位期间给予我的各方面帮助。

我的研究生郭宝红、李强、刘洪金、王春霞、张春辉、张艳、张章在我进行物流成本和供应链成本相关研究的过程中为我收集了很多的资料并作了一些基础的研究，也为本书的形成和出版作出了很多的贡献。

最后，感谢易通交通信息有限公司的费连才先生和人民交通出版社的乔文平老师对于本书出版给予的大力支持。

鲍新中

2009 年 10 月 8 日

# 引　言

在全球经济一体化的今天,市场竞争已由企业之间转向供应链之间,而且是在全球范围内无国界的市场中进行。Internet/Intranet 技术的广泛应用,促使企业间的竞争加剧,使企业赖于生存的环境发生了根本性的变化,原来的单个企业生产已经无法满足客户日益增长的个性化需求,可赚取利润的空间越来越小,企业无法一味依赖自身产品的成本降低在有限的利润空间内求得生存和发展。这就需要供应链中的各个分散的企业建立一种战略上的伙伴关系,寻求使整个供应链得以生存和发展的保障,提升供应链的整体绩效,增强其竞争力。据统计,供应链可以消耗整个公司高达 25% 的经营成本,而对于一个利润率仅为 3% ~5% 的企业而言,哪怕是降低 5% 的供应链耗费,也可以使企业的利润翻倍[1]。

众所周知,降低成本的关键并不是仅仅局限于企业的内部管理活动,而是在于整个供应链的整合。早在 1929 年,Ralph Borsodi 就阐述了这样的观点,在未来的 50 年里配送的成本将增长 3 倍,而相应的产品成本将下降 20%。在这种情况今天在很多行业中仍然存在。例如,采用 Just - in - time 实现精益管理的企业只能通过让供应商和顾客管理存货而在供应链上转移成本。最近一个关于西欧汽车产业的分析表明,通过减少存货确实可以使汽车工业的整体运行管理更为精益，但这对于供应链上游和下游企业的运作并没有效力。有一些企业，他们对成本的定义仅仅局限于企业的内部成本。但是，在今天竞争并不是只局限于企业之间而是发生在供应链之间的，所有的成本都将在市场上以最终产品的价格予以反映，所以恰当的成本含义应该是指从供应链的上游企业到下游企业为最终产品付出的总成本[1]。

供应链管理（SCM）产生于20世纪90年代，是一种战略性的企业间协作管理技术。它被认为是面向21世纪的先进管理思想和管理模式，也是近年来理论界和实务界研究和应用的一个新的热点。供应链管理是市场渠道各层之间的一个联接，是控制供应链中从原材料通过各制造和分销层直到最终用户的一种管理思想和技术。供应链管理强调供应链上各个参与成员及其活动的整体集成，使企业能够打破边界，将视角延伸到整个供应链上，从而获得竞争优势。最近几年，很多西方的发达国家以及我国的一些研究组织，都纷纷开展了对供应链管理的研究工作。

供应链管理的出发点是：通过协调供应链上各个成员之间的关系，高效优化配置企业内外资源，有效地控制供应链上的物流、资金流、价值流、工作流和信息流，即保持稳定和灵活的供需关系，又从整体上加快产品的响应，它已成为当代各种企业开展全球市场竞争的重要战略思想[2]。通过供应链管理，一个企业不仅仅可以利用自身内部的资源，还可以有效地利用其他企业的资源，以保持其核心竞争力。这样，像原有的面向企业内部的企业管理信息系统MRPⅡ，已不能满足市场竞争的要求，管理信息集成必须向企业外部供需市场两个方面延伸和扩张，企业管理信息系统的总体规划,再也不能局限于企业内部。

供应链成本管理近年来引起足够的重视,主要的原因在于两方面:(1)企业之间的竞争越来越被供应链之间的竞争所取代;(2)成本优化的潜力只能通过管理整个供应链成本来实现[3,4]。供应链成本管理是供应链管理的重要组成部分,是跨组织的成本管理,它把成本管理的思想转化到整个供应链管理的领域,意味着供应链成本管理跨越了企业的边界,是多个企业的成本管理[5]。

国内外学者已经对供应链管理进行了大量的研究,并取得一定的成果,但是对供应链成本管理的研究仍然不足。尽管成本管理已经成为得到广泛发展的概念和工具,但目前很少将它转化到供应链的管理领域之中,为供应链管理所用。现在供应链成本主要局限于企业内部的供应链,缺乏对外部供应链成本的研究;只注重供应链作业成本优化,很少考虑供应链交易成本的优化。很多文献提到了提高供应链效率、降低供应链的成本、减少循环时间等等,认为只要这些目标达到了,成本就自然降低了,但是没有提出相应的供应链成本管理理论和方法,以致供应链成本管理缺乏相应的理论指导。因此,从供应链成本分析的角度出发,建立一套科学的、可操作的,能够实现供应链资源最佳配置的管理体系,是一个迫切需要解决的问题。

本书所研究内容的目的和意义在于:

(1) 基于供应链成本动因的分析,明确供应链成本的构成,并在此基础上提出降低供应链成本的途径。供应链管理的目标就是要降低整个供应链的成本,本书的研究内容将有利于从降低供应链成本的角度更加明确供应链管理的内容。而基于供应链成本的分析开展有效的供应链管理是值得理论界和企业实务界推广的一种思路。

(2) 明确供应链成本的内涵及其构成,从会计核算的角度提出各项供应链成本的统计核算方法。成本核算是进行有效成本管理的基础,供应链成本核算体系的提出,将有利于企业更好的认识供应链成本,并推动企业供应链成本管理水平的提高。

(3) 从成本管理方法的角度,分析基于供应链的跨组织成本管理方法体系,提出在产品开发阶段、产品生产阶段的不同供应链成本管理方法体系,为企业展开供应链成本管理提供方法依据。

(4) 针对供应链管理中的集成供应问题展开分析,基于合作博弈理论提出了第三方物流集成供应成本在各供应商之间的分配方法。合作博弈模型是供应链管理中共同成本分摊和合作利益分配的有效方式。

# 目　录

# 第一章　供应链与供应链成本问题研究综述

## 1.1　供应链与供应链管理的定义

### 1.1.1　供应链的定义

供应链管理的概念源于物流与生产运作管理，于20世纪90年代开始得到广泛的运用。研究学者从不同角度给供应链下了不同的定义。

美国学者Stevens[6]：通过增值过程和分销渠道控制从供应商的供应商到用户的用户的物流就是供应链，它开始于供应点的源点，结束于消费的重点。

Beamon[7]：供应链可以被定义为一个整合过程，该过程中不同的组织实体，即供应商、生产制造商、分销商、零售商和最终用户协调执行三种主要活动：物料购买活动、物料转化活动以及库存管理和成品运输模式有关的后勤活动。

马士华[2]：供应链式围绕核心企业，通过信息流、物流、资金流的控制，从采购原材料开始，制成中间产品以及最终产品，最后由销售网络把产品送到消费者手中的将供应商、制造商、分销商、零售商，直到最终用户连成一个整体的功能网络结构模式。

Sutherland 归纳了三类供应链的定义[8]：

第一个定义强调供应链式物流的同义词。供应链是指将原料或者半成品，通过采购、设计、制造、销售等活动，传递到顾客手上的过程（Lamber，1998）。因此，供应链被视为企业内部的一个物流过程，它所涉及的主要是物料采购、库存、生产和分销等部门的职能协调问题，最终目的是为了优化企业内部的业务流程，降低物流成本，从而提高经营效率。

第二个定义是在第一个定义的基础上，从单个企业推广到企业的顾客和企业的直接或间接供应商。这个定义强调了原料流向最终顾客过程中所有的环节，包含了企业内部的和企业之间（Chopra and Meindl，2001）。在这个定义下，加强与供应商的全方位协作，剔出供应链条中的“冗余”成分，提高供应链的运作速度成为核心问题。

第三个定义是在第二个定义上加上了信息流、资金流和知识流。也就是说，供应链是经过一组相互连接的多个供应商的物流、信息流、资金流和知识流组成的流程，向顾客提供满足其需要的产品和服务。这个定义有几个特点：第一，供应链由一组业务流程组成（采购、设计、制造、运输、销售等）；第二，信息和资金流动与物流一样的重要，是不可缺少的；第三，知识流的加入强调协同产品开发和业务流程之间的协调和创新；第四，满足最终顾客才是供应链的最终目的。

### 1.1.2 供应链管理的定义

供应链的概念已经不同于传统的销售链，它跨越了企业界限，从扩展企业的新思维出发，并从全局和整体的角度考虑产品经营的竞争力，使供应链从一种运作工具上升为一种管理方法体系和一种运营管理的思维模式，从而产生了供应链管理（SCM）的概念。关于供应链管理的定义有多种不同的表述。

美国 SGSCF（Stanford Global Supply Chain Forum，斯坦福全球供应链论坛）将供应链管理定义为“从供应（商）、制造（商）、分销（商）到客户的物流和信息流的协调与集成”。Evens 定义为“供应链管理是通过前馈的信息流和反馈的物料流及信息流，将供应商、制造商、分销商、零售商，直到最终用户连成一个整体的管理模式。”再如 Phillip 认为：“供应链管理不是供应商管理的别称，而是一种新的管理体制策略，它把不同企业集成起来以增加整个供应链的效率，注重企业之间的合作。”[9]

Ellram[10]：供应链管理是将产品或服务送达最终用户的相互作用的企业网络，它将从原材料供应到最终产品的运送的各环节联系在一起。

Chase[11]等：供应链管理是应用系统的方法来管理从原材料供应商通过工厂和仓库直到最终顾客的整个信息流、物流和服务流的过程。

国内学者陈国权[12]认为，供应链管理是对整个供应链系统进行计划、协调、操作、控制和优化的各种活动和过程。其目标是：将顾客所需的正确产品（Right Product）、能够在正确的时间（Right Time）、按照正确的数量（Right Quantity）、正确的质量（Right Quality）和正确的状态（Right Status）送到正确的地点（Right Place），即“6R”，并使总成本最小。

马士华[13]认为，供应链管理是通过前馈的信息流（需方向供方流动，如订货合同、加工单、采购单等）和反馈的物料流及信息流（供方向需方的物料流及伴随的供给信息流，如提货单、入库单、完工报告等），将供应商、制造商、分销商、零售商，直到最终用户连成一个整体的模式。

我国《物流术语》国家标准是这样定义的：“供应链管理，即利用计算机网络技术全面规划供应链中的商流、物流、信息流、资金流等，并进行计划、组织、协调与控制。”

虽然对供应链管理的定义各不相同，但基本思想是一致的，都强调一种集成的管理思想和方法，把供应链上的各个环节有机结合，实现供应链整体效率最高。它执行供应链中从供应商到最终用户的物流计划和控制等职能。供应链管理是通过前馈的信息流和反馈的物料及信息流，将供应商、制造商、分销商、零售商，直至最终用户连成一个整体。供应链管理把不同的企业集成起来以增加整个供应链的效率，注重企业之间的合作。早期的供应链管理把重点放在了管理库存上，而现在的供应链管理则把供应链上的各个企业作为一个不可分割的整体，使供应链上各企业分担的采购、生产、分销和销售的职能成为一个协调发展的有机体。

## 1.2 供应链管理的研究综述

由于供应链管理的研究涉及到多学科、多领域，就形成了供应链管理研究的多角度和内容的多样性，再加之其本身的发展历史也比较短，目前对供应链管理研究的主要内容以及学派划分还没有一个比较统一的观点。

Simon Croom 等在总结文献的基础上提出供应链管理研究的六个领域[14]：(1)战略管理;(2)物流;(3)市场营销;(4)关系/伙伴;(5)最佳效用;(6)组织行为。

Becthtel 和 Jayaram 将供应链管理研究分为五个学派以概括供应链研究的内容[15]，五个学派分别是：(1)功能认识学派;(2)整合过程学派;(3)物流学派;(4)信息学派;(5)未来学派。

Otto 等人[16]从供应链绩效衡量角度对供应链研究的内容进行分类。他认为供应链研究具有多角度性，不同的视角下有不同的研究内容、研究重点、解决方案和衡量体系。他将供应链研究领域分为六类：系统动力学、运筹学/信息技术、物流、营销、组织和战略。

Haul L Lee 将 SCM 归纳为五类[17]：(1)连锁论;(2)物流论;(3)信息论;(4)统合论;(5)战略论。

Chopra S. 和 Meindl P. 指出[18]，可以从战略层、战术层和作业层对供应链管理模型进行分类，从而帮助建模者确定研究范围的宽度和供应链计划水平的长度。Cooper M C et al. [19]则从供应链合作伙伴关系类型、供应链网络的结构维度和供应链合作伙伴中的流程特征三方面对供应链管理模型进行了阐述。

国内学者也对供应链管理的研究内容进行了分析。

黄小原[20]从生产运作管理角度对供应链管理模型进行了综述，评述了生产运作中库存、生产销售、库存销售、质量控制、财务等问题的模型及其优化应用，同时也对供应链整体情况下的供应链集成化、供应合同、信息价值、产品管理和国际运作等问题的模型及其优化应用进行了评述。

董安邦等[21]将 SCM 研究从三个不同维度展开：(1)从研究方法角度可以分为理论研究和实证研究；(2)从供应链的管理内容角度主要包括供应链设计优化、供应链管理策略、库存问题、供应链信息支持技术、伙伴选择问题等；(3)从供应链运行模式角度可以分为：敏捷供应链、集成供应链、虚拟供应链、基于产品的供应链、基于电子商务供应链、绿色供应链。在此基础上，他们提出了供应链管理研究的三维框架如图1-1所示。

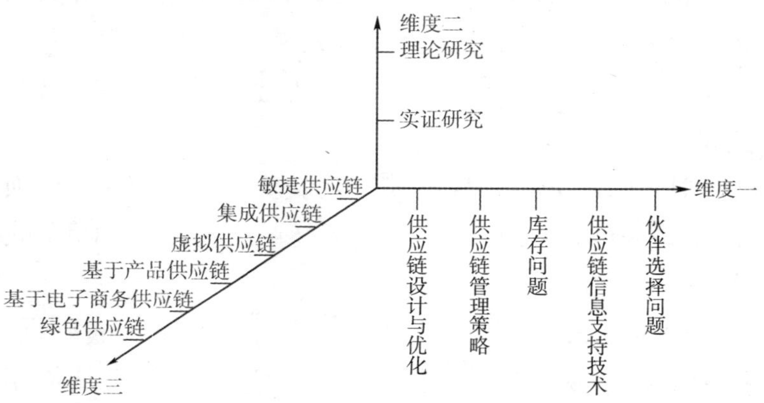


图 1-1 供应链管理研究的三维框架

从供应链建模的角度看，Shpaior J[22]从建模方法角度将供应链管理模型分为描述性模型（预测模型、成本类型、资源利用及仿真模型）和标准模型（优化与数学规划模型），该种分类方法清晰地表明了描述性模型与标准模型各自的作用及其相互关系——开发准确的描述性模型是必须的，但对于有效决策是不够的，应与优化模型结合起来确定企业的规划与决策。与其类似，Beamon BM[7]将供应链管理模型分为确定性分析模型、随机分析模型、经济模型（博弈论模型）和仿真模型；Min H 和 Zhuo G[23]则将供应链管理模型分为确定性模型、随机模型（概率模型）、混合（hybrid）模型和 IT 驱动模型。

考虑到具体的建模对象、研究内容以及各种建模方法，高峻峻从两个层面对供应链管理模型进行分类[24]。

第一个层面是研究对象与方法的界定，主要考虑了产品特征、对象系统和建模方法三个方面。产品特征主要是指产品的数最和产品的生命周期特征。其中，产品数量用于界定该模型研究的是单一产品（Single product）还是多产品（Multiple product），产品的生命周期特征用于界定模型研究的产品类型（包括耐用品、易变质品、退化产品和可回收产品等）以及产品所处生命周期的具体阶段（包括开发期、成长期、成熟期和衰退期）。对象系统是指研究产品的哪一个供应链阶段，根据集成供应链的一般结构，可以将对象系统确定为供应系统、生产系统和分销系统三类，模型研究的可以是其中一个系统，也可以同时研究多个系统。在供应链管理的建模方法上，被归纳为六类，即运筹（数学规划）与最优化方法（Operations Research & Optimizition Methods）、概率论（Probability Theroy）方法、控制论（Control Theory）方法、博弈（Game Theory）方法、“嵌入式”建模（Embedded Modeling）方法、仿真建模（Simulation Modeling）方法。其中，运筹（数学规划）与最优化方法以及概率方法被认为是供应链管理的标准建模方法。

第二个层面是研究内容的界定，主要考虑了需求特征、研究类型和研究侧重三个方面。从研究类型上看，供应链管理的研究可以分为面向理论（Oriented-Theory）的研究和面向应用（Oriented-Application）的研究。产品的需求特征被分为确定性需求（Certain Demand）和不确定性需求（Uncertain Demand）两种情况。确定性需求是指可以用确定的函数形式表示的需求，而不确定性需求是指，在一定时期内无法用确定的函数形式表示的需求，即需求可能服从某一概率分布、需求函数中可能含随机变量或其均值方差可变、需求为随机的时间序列或需求是模糊的，等等。在界定了研究对象以及研究类型和需求特征之后，将供应链管理中所研究的问题侧重点分为五类：供应链中的库存问题；供应链中的信息流及其价值问题；供应链协调与契约问题；供应链网络设计问题；供应链绩效评价问题。

文献［8］将供应链管理的研究内容从宏观层面、战略层面、战术层面、运作层面以及基础理论方面进行了区分。如表1-1所示。

**供应链管理的研究内容分类标准**　　表 1-1

| 分类 | | 定义 |
|---|---|---|
| 宏观层面 | 供应链与区域经济发展 | 供应链管理与区域经济发展的关系 |
| | 行业供应链 | 不同行业的供应链管理状况及供应链结构特征 |
| | 全球化与全球供应链战略 | 全球化对供应链以及供应链管理策略的影响 |
| | 绿色供应链 | 如何通过供应链管理技术和策略实现对环境的最大保护 |
| | 物流产业 | 产业研究 |
| | 相关法律问题 | 供应链管理技术与策略应用涉及的相关法律问题 |
| 战略层面 | 供应链战略目标 | 理解供应链的动力结构；定义和分析供应链的目标 |
| | 供应链设计 | 确定供应链的整体结构与选择；评价供应链的设计 |
| | 供应链竞争战略 | 通过设计并实施供应链管理策略强化企业竞争能力 |
| | 供应链战略决策工具 | 研究供应链战略规划的方法 |
| 战术层面 | 供应链关系开发 | 开发供应链上下游关系；第三方服务相关问题 |
| | 供应链整合 | 将企业运营作为一个整体来管理，使运作效率最优 |
| | 运输与分销 | 通过运输管理和分销管理策略提高供应链的运作效率 |
| | 供应链信息系统开发 | 开发供应链运作信息系统；通过信息技术提高竞争能力 |

续上表

| 分　类 | | 定　义 |
|---|---|---|
| 运作层面 | 存货控制与管理 | 采购管理，包括供应商选择与评价；库存与服务水平管理 |
| | 生产、计划和排产 | 确定生产和计划的绩效；通过生产计划安排优化供应链 |
| | 信息共享、协调与监控 | 信息共享、协调和控制的方法 |
| 基础理论 | 概念界定 | 供应链相关概念及演变 |
| | 分类研究 | 确定和设计分类方法与体系 |
| | 文献综述 | 对供应链研究成果进行回顾、总结和评价 |
| | 课程体系研究 | 开发和改进供应链管理课程体系 |
| | 与其他学科的关系 | 界定供应链管理与其他学科关系；与交叉学科的相互影响 |

有的学者认为，供应链管理主要涉及四个领域：供应（Supply）、生产计划（Schedule Plan）、物流（Logistics）、需求（Demand）。在这四个领域的基础上，可以将供应链管理细分为职能领域和辅助领域。职能领域主要包括产品工程、产品技术保证、采购、生产控制、库存控制、仓储管理、分销管理。而辅助领域主要包括客户服务、制造、设计工程、会计核算、人力资源、市场营销。而供应链管理的主要内容可以归纳为三个方面，即供应链网络结构设计，具体包括链伙伴选择、物流系统设计；集成化供应链管理流程设计与重组，具体又分为各节点企业内部集成化供应链管理流程设计重组、外部集成化供应链管理流程设

计重组以及供应链交互信息管理；供应链管理机制的建设。如表 1-2 所示。

**供应链管理的主要内容和实现技术** 表 1-2

| 供应链网络结构设计 | 集成化供应链管理流程设计与重组 | | 供应链管理机制建设 |
|---|---|---|---|
| | 内部集成化流程设计重组 | 内部集成化流程设计重组 | |
| 供应链伙伴选择：<br>·合作对策与委托代理理论<br>·各种决策评价方法:DEA 法、模糊综合评价法、作业成本法(ABC 分析法)等<br>物流系统设计：<br>·网络结构决策支持系统<br>·仿真模型与最优化技术<br>·启发式算法 | ·BPR（业务流程再造）理论<br>·SCOR（供应链参考运作模型）<br>·TOC 管理（瓶颈管理、约束管理）理论<br>·JIT、精益制造、零库存管理理论<br>·MRPⅡ、ERP、DRP 管理信息系统<br>·CAD、CAP、CIM 信息系统 | ·SCOR（供应链参考运作模型）<br>·BPR（业务流程再造）理论<br>·TOC 管理（瓶颈管理、约束管理）理论<br>·CRM、SRM、SCM 管理信息系统<br>·QR(快速响应)、ECR(有效顾客反映)技术<br>·EDI 电子数据交换技术<br>·VMI（供应商管理库存）技术<br>·JMI（联合库存管理）技术<br>·CPFR（协同规划、预测与补给）技术<br>·敏捷制造技术 | ·合作信用机制<br>·协商机制<br>·绩效评价与利益分配机制<br>·激励与约束机制<br>·监督与预警机制<br>·风险防范机制 |

## 1.3 供应链成本及其管理的研究综述

### 1.3.1 供应链成本的内涵

早在 20 世纪 30 年代，国外工商界和学术界就已经关注供应链成本问题，并开始对分销成本进行分析和控制[25]。许多研究供应链管理的学者如，Ellram[26]、Bowersox & Closs[27]、Lalonde & Pohlen[28]、Manunen[29]一致认为，成本是供应链最重要的性能，需要不断地分析和改进，以满足消费者需求。Beamon[30]、Schultz[31]、Sclvang[32]认为，改进供应链成本性能需要对成本进行计量。Lalonde & Pohien 提到成本计量在利润分配和分担费用方面也起到重要的整合作用。但在早期文献中，大多简单将供应链成本等同于后勤成本（Logistics cost），仅是强调了物流产生的成本。

Scully & Faweett[33]从物流活动的角度，将后勤成本分为七项：文件汇编、存货、订货过程、包装、购买资源、交通、使用仓库费用。

Lin Coilins & Su[34]通过分析后勤过程来确定后勤成本，主要的后勤成本分为存货存储成本、采购成本、订货过程成本、交通、仓库成本。

美国供应链委员会（Supply Chain Council）给出的供应链经营参考模型 SCOR 更多的涉及供应链的运营成本，根据模型在不同计量水平的计量指标将成本分类如下：销货成本、总的供应链管理成本、订货管理成本、材料购置成本、存货储存成本、供应链相关的财务与计划成本、供应链相关的信息技术成本、附加值生产率、售后担保/退回过程成本。

Mclaren Head & Yuan[35]从合作供应链管理的角度将供应链成本分为两大类，系统所有权的总成本和合作的机会成本。其中，系统所有权的总成本（Total Cost of Ownership of System）包括系统执行和整合成本、过程协调和整合成本、数据转化和整合成本，合作的机会成本（Partnership Opportunity Cost）包括不稳定合作关系的成本和变化伙伴成本（Switching Cost）。此文强调信息系统支持对供应链整合和管理的重要作用。

也有学者将供应链成本当作分析企业运作绩效的最关键手段，Beamon 将供应链管理的分析研究区分为四种模式，而这四种模式均以成本为量化的衡量因子；Davies & Brito 认为，为实现供应链的有效管理，可以采用“最低的可能成本”为衡量目标[36]。

大多数学者谈到供应链成本问题时，他们研究的着眼点在供应链成本计量的技术上。较少有人对“供应链成本”的内涵及外延给出确切定义。Handfield & Nichols[37]认为供应链成本的定义包含两个方面，一是产品及相关的物资和信息管理，二是供应链伙伴之间的关系管理。Stefan Seuring[38]在直接成本和间接成本的传统划分及作业成本法的基础上从三个层次将供应链成本划分为：直接成本、作业成本和交易成本。如图 1-2 所示。

国内学者在阐述供应链成本概念时，一般采用国外学者 Stefan Seuring 的定义，也有极少数的学者从不同的角度对已有的概念作了一定的整合和提升。罗文兵、邓明君[39]在借鉴 Stefan Seuring 的供应链成本定义的基础上，将供应链成本核算范畴划分为直接成本、作业成本、交易成本和社会成本四个层次。其中，直接成本是由生产每一单位产品所引起的，包括原材料成本、人工成本和机器成本等。这些成本主要由原材料和劳动力的价格所决定。作业成本是由与产品没有

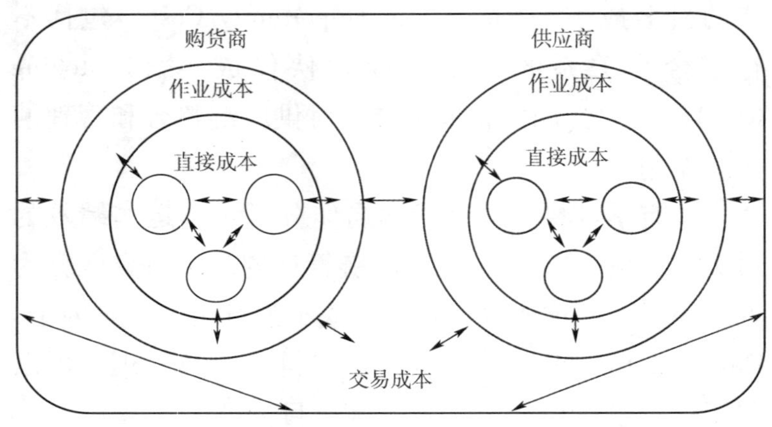


图 1-2　供应链成本核算中的三个成本层次

（资料来源：Stefan Seuring，2001）

直接关联，但与产品的生产和交付相关的管理活动所引起的成本。这些成本因企业的组织结构而生。交易成本包括处理供应商和客户信息及沟通所产生的所有成本。这些成本源于供应链上的核心企业与其他企业的相互协调交流。社会成本是指企业实现经济业务所消耗的资源或给社会带来的损失，即企业经营活动所带来的外部效应。这些成本源于治理企业在生产过程中对自然、社会造成的损害及产品回收等。

纪作哲[40]对供应链成本进行了界定：供应链成本包括所发生的一切物料成本、劳动成本、运输成本、设备成本和其他变动成本。索晨霞、邓子琼[41]在分析了典型供应链五个阶段（供应商—制造商—分销商—零售商—顾客）四个环节（顾客订货环节、补充库存环节、生产环节、获取环节）中所涉及的主要成本，它包括产品流、信息流和资金流所引起的可见成本和供应链中不能忽视的“隐藏成本”，并在此基础上给出了供应链成本的定义，即供应链成本是指在供应链运转过程中由物流、信息流和资金流动所引起的成本以及供应链整合过程的机会成本和整合成本。主要的供应链成本包括订货成本、购买成本、存货存储成本、仓储成本、运输成本、管理成本、交易成本、资金转移成本、信息成本、生产成本、财务费用和经营成本，供应链相关的机会成本和供应链整合成本。

李秉祥、许丽[42]认为供应链成本包括供应链总运营成本、供应链管理总成本和隐性成本三部分，具体构成如图 1-3 所示。

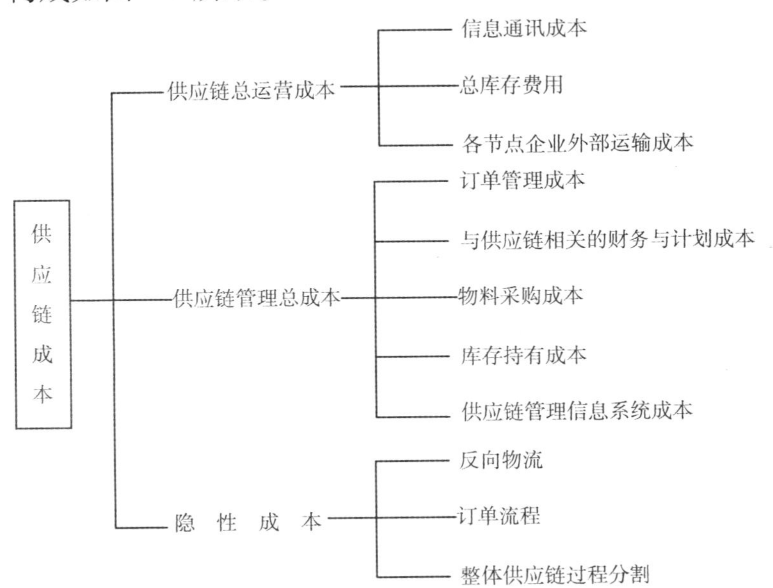


图 1-3 供应链成本的构成

翁君、张余华[43]认为供应链成本就是在运转过程中由物流、现金流、信息流所引起的成本以及供应链协同化中产生的机会成本与整合成本的综合。由构建信息系统以及维护其顺利运行的费用就形成了信息成本。供应链各环节之间存在资金流动，零售商拿走顾客所付款项的一部分，同时将一部分资金转移给分销商；分销商留下部分资金，其余转移给制造商；制造商留下部分资金，余额给供应商。该种资金转移成本也属于供应链成本。在供应链中还有不能忽视的“隐藏成本”，如供应链伙伴关系选择问题。如果放弃更有利的合作伙伴，而选择的伙伴却又不能给供应链带来最大利益，就会产生选择成本。如果在已形成的供应链中经常改变伙伴关系，就会产生变化机会成本。在整体关系整合中也会产生系统的整合成本。

### 1.3.2 供应链成本管理

Stefan Seuring 首先把供应链成本管理（Supply Chain Cost Management，SCCM）定义为“供应链成本管理就是分析和控制供应链成本的方法和概念”[38]。Stefan Seunng 进一步认为，只有将供应链成本核算层次整合进其建立的生产—关系矩阵才能发挥成本管理作用，他提出了一个供应链成本核算的概念框架。在这个框架中，随着供应链活动操作性的提高，成本一步步地从交易成本转向作业成本和直接成本。但三个成本层次的相对重要性在很大程度上取决于企业提供的产品和服务，例如，生命周期或技术周期较短的产品由于投资风险高，在初期决策阶段所需的成本较大，这就决定了交易成本和作业成本的重要性；而生命周期较长的产品在供应商选择、关系构建及产品和流程设计方面所需的交易成本较低。

Peter Kajuter[44] 提出了一个前瞻式供应链管理的

综合性概念框架，借助这一框架可以把握如何为满足特定任务和协调各种活动而构建成本管理系统。

翁君、张余华[43]将供应链成本管理按其目的和方法可分为供应链成本控制和供应链成本降低，并分别引入供应链成本预算管理与供应链无形成本动因管理两种模式对供应链成本管理进行分析。如图 1-4 所示。

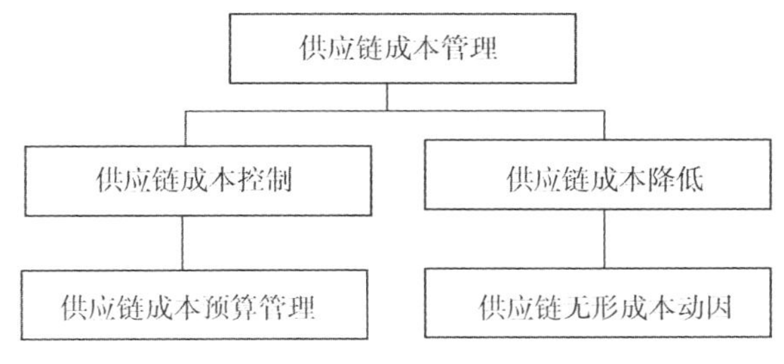


图 1-4　供应链成本管理的两种模式

Croom[45]认为，供应链成本管理是一种需求拉动型的成本管理模式，其范围由生产领域向开发、设计、供应、销售领域拓展，成本管理的手段多样化。

艾宝俊（2006）[46]认为：供应链成本管理是以最终客户价值最大化为目标，以核心企业为中心，将供应链上各环节分别实施控制、优化的方法和体系。他提出了一个供应链成本管理模型（图 1-5），并指出，供应链成本管理的思想是价值分析。有效的供应链成本管理模型必须面向顾客的需求和顾客价值的增值。供应链成本管理应体现供应链的价值增值水平，供应链的价值增值实质上是供应链最终用户的价值增值。为了顾客价值最大化，必须有效控制顾客成本，而顾客成本的核心是供应链成本，包括供应成本、制造成本和销售成本，它们分别对应于供应链上游成本、企业内部成本和供应链下游成本。

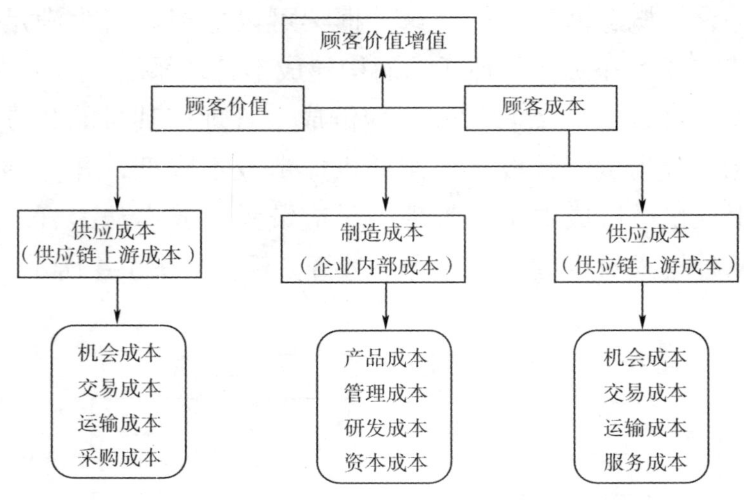


图 1-5　供应链成本管理模型

## 1.4　本书研究的主要内容

本书研究的主要内容包括：

（1）基于成本动因分析的供应链成本构成

国内外专家学者对供应链成本的内涵及其构成的认识存在一定的分歧。在本书中，从供应链管理中的商流、物流、信息流、资金流等活动的分析出发，定义了供应链企业间商流、资金流和信息流等业务活动是交易成本产生的动因，而企业间物流活动是供应链物流成本产生的动因，从而将供应链成本分为交易成本与物流成本两个部分，并指出了其构成。

（2）供应链物流成本与交易成本的核算方法

供应链成本的核算是有效进行供应链管理的重要基础。本书从核算的角度提出了供应链交易成本与物流成本的账户设置及核算方法，并以某大型企业为实例进行了研究。

（3）基于供应链的跨组织成本管理方法体系集成

成本管理技术的跨组织运用也是降低供应链成本的有效途径。综合各种有效的跨组织成本管理技术方法，在本书中提出了企业在产品设计阶段和产品生产阶段的跨组织成本约束机制和合作保障机制，建立了基于供应链的跨组织管理方法体系的集成模型。

（4）基于合作博弈理论的集成供应成本分配

第三方物流的集成供应是降低开展供应链合作、降低供应链成本的有效途径。而集成供应合作中要解决的一个主要问题是集成供应成本的分摊。在本书中，基于合作博弈理论建立了集成供应的成本分摊模型，并对求解方法进行了讨论。

## 1.5 本章小结

本章主要对国内外专家学者对供应链、供应链管理、供应链成本以及供应链成本管理的相关研究进行了综述。

（1）供应链管理是一个多学科交叉的新兴学科，所以要国内外学者对供应链管理的研究也是从多个方面深入的。总体上看，可以从不同的研究建模方法、不同的供应链类型，以及不同的研究问题侧重点三个角度来展开对供应链管理的研究。

（2）降低供应链成本是进行有效供应链管理的主要目标。从国内外对供应链成本概念的研究可看出，供应链成本的发展历程经历了从分销成本—后勤成本（物流成本）—供应链成本的过程。对供应链成本所包含的范围逐渐在扩大。在对供应链成本进行研究时，首先应界定好其内涵。它关系到人们采用何种视角看待供应链成本，以及在实践中对供应链成本如何界定，如何计量或测算，如何控制和优化等等一系列现实问题。

（3）从国内外供应链成本管理研究的各个层面看，其研究问题和内容具体而广泛，研究成果也比较多，尤其是国外的供应链成本管理体现出一定的实用性和针对性。同时也发现，国内外学者对供应链成本及其管理的概念、具体构成及相互影响，其认识也存有许多差异。

（4）供应链成本是供应链管理研究中的核心问题之一，但现有研究多是散落各个学科和问题领域，人们难以通过“供应链成本”这一窗口，以其为研究主线来探究不断发展、纷繁复杂的供应链及世界，提高供应链管理水平。

# 第二章　基于成本动因分析的供应链成本构成

## 2.1　供应链成本的界定及动因分析

### 2.1.1　供应链成本内涵的界定

供应链的运作必然伴随着费用和支出，这就构成了供应链成本。按照德国学者 Stefan Seuring[47] 对供应链成本的定义，供应链成本可以分为直接成本、作业成本和交易成本三个方面。但是，Seuring 只是提出了这个概念，并没有进行深入的分析。这种供应链成本核算方法将生产成本和交易成本都纳入了考虑范围。

国内对供应链成本的研究主要是在 Seuring 定义的基础之上展开的，一些学者也围绕着这个分类对三项供应链成本的具体构成展开了分析。然而，目前学术界对于供应链成本的界定还存在争议。有些学者主张供应链成本只包括供应链的交易成本，而另一些学者主张供应链成本应该包括供应链上所发生的一切成本[48]。而许多文献在研究过程中都简单地将供应链成本等同于物流成本，这种观点主要是从物流过程及活动角度来分析供应链成本，涉及的也只是存货成本和运输成本的计量方法和模型。供应链是从物流发展而来的，但供应链不等同于物流。通常认为物流涉及的是产品或服务从一地到另一地的流动，以满足客户的需求。而供应链涉及的是从原材料到产品到客户的所有活动，物流完成的职能只是供应链职能的一部分，因而供应链所涉及的成本范围大于物流成本的范围。

直接成本就是传统意义上的产品生产成本，包括产品的生产成本、研究开发费用、制造费用等，一般可以直接归入各产品之中。其发生是由企业自身的生产活动而形成的，与供应链管理水平的高低无关。因此在本书中，不将直接成本列入供应链成本的构成中，而是将与供应链有效管理相关的成本计入供应链成本之中，即供应链成本包括物流成本和交易成本。

供应链管理的目标是降低供应链成本，即降低物流成本和交易成本，而直接成本的降低主要是企业内部管理水平提高的结果。因此，对供应链成本这样的界定有利于从本质上认识和分析供应链的管理，通过有效的供应链管理，才可以有效地降低供应链成本。

### 2.1.2　供应链成本动因分析

供应链管理是利用计算机网络技术全面规划供应链中的商流、物流、信息流、资金流等，并进行计划、组织、协调与控制的活动。产品是从最初的供应商流向最终客户，资金按照相反方向流动，而信息则双向流动。因此供应链管理实际上是对商流、物流、信息流、资金流的集成管理，如图 2-1 所示。

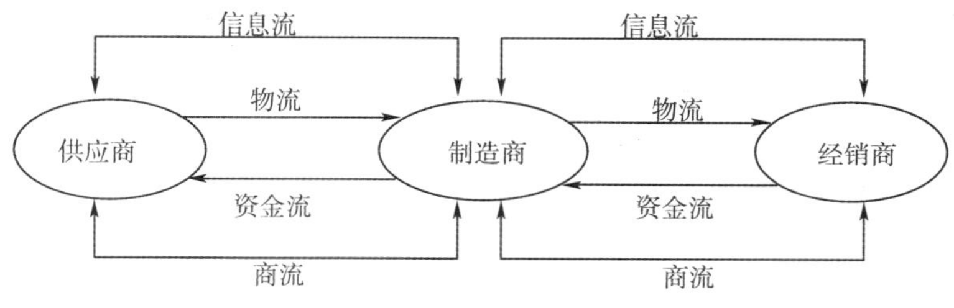


图 2-1　供应链的四大流关系

供应链管理是对从供应商到客户之间的商业流程的集成管理，以提供给客户更具价值的产品、服务和信息。供应链节点企业经过商谈，建成合作伙伴关系。根据合作协议达成供货，确定商品价格、品种、数量、供货时间、交货地点、运输方式并签订合同，这是商流活动的过程。要认真履行这份合同，下一步要进入物流过程，即货物的订单处理、包装、装卸搬运、保管、运输等活动。如果商流和物流都顺利进行，接下来进入资金流的过程，即付款和结算。无论是买卖交易，还是物流和资金流，这三个过程都离不开信息的传递和交换，没有及时的信息流，就没有顺畅的商流、物流和资金流。没有资金的支付，商流就不会成立，物流也不会发生。

可以讲，商流是动机和目的，资金流是条件，信息流是手段，物流是过程。供应链企业之间的交易必然伴随着商流、物流、信息流、资金流的产生。产品、信息、资金在供应链节点企业之间流动是要消耗成本的，因此本书将供应链成本定义为“在供应链运转过程中由商流、物流、信息流和资金流所引起的成本”。按照这一定义，我们把企业直接生产成本排除在外，将供应链成本分成物流成本和交易成本两个方面，下面依据“四流”分析物流成本和交易成本的动因。

供应链成本中的物流成本主要是由“四流”中的物流引起的，从而我们认为作业成本可以看成是供应链间的物流成本。物流是产品在时间和空间上的流动，涉及采购、库存、生产、包装、运输等环节。物流成本中主要是完成诸种物流活动所需的全部成本，包括运输成本、库存持有成本、订货成本、缺货成本等。

供应链成本中的交易成本是由信息流、商流、资金流引起的。信息流贯穿于交易的整个过程，在交易之前要搜寻产品的价格、质量、款式及潜在交易对象及其信用水平等，而信息搜寻需要花费交易者的时间、精力和金钱，这些都会产生交易成本，在以后的谈判、签约、履约过程的信息交流也都要发生成本。供应链企业间的信息共享将有效地降低信息流所带来的交易成本。商流是一种交易活动过程，它是指谈判、签约以及履约活动等促成产权转移的活动，商流活动带来的交易成本主要形成于供求合作伙伴关系的建立上，一旦供应链合作伙伴关系建立后，每次签约活动以及履行契约活动两个阶段也会产生一定的交易成本。契约履行阶段还会发生资金流所带来的交易成本。有效的供应链企业间合作也将有效地降低商流和资金流所带来的交易成本。

## 2.2 供应链成本的构成分析

根据前面的动因分析，供应链物流成本是完成诸种物流活动所需的全部成本，因而可以根据物流活动的基本环节将物流成本分为运输成本、库存持有成本、订单处理成本、缺货成本等。而把供应链交易成本大致分为信息费用、交易谈判费用、签约费用、监督履约成本和交易变更成本等。图 2-2 是我们提出的基于成本动因分析的供应链成本构成要素。

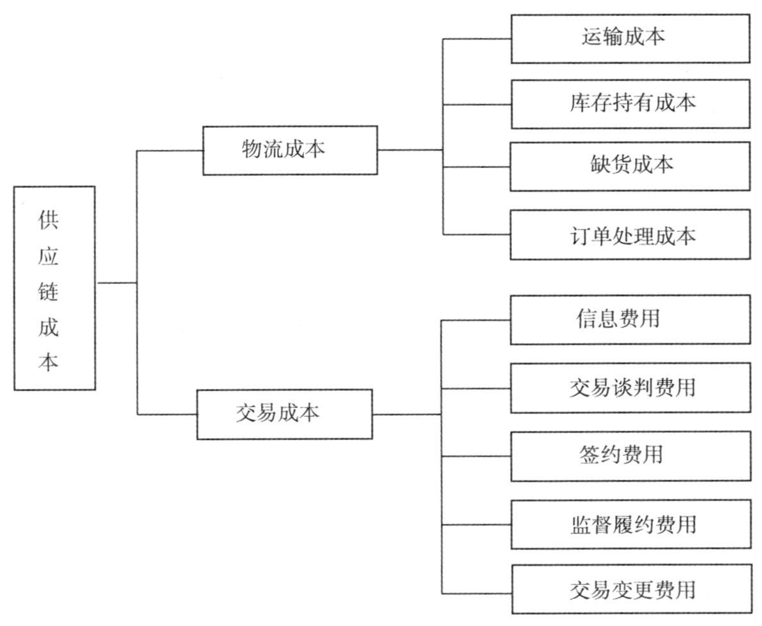


图 2-2　基于成本动因分析的供应链成本的构成

### 2.2.1　供应链交易成本的构成分析

（1）供应链交易成本的构成

西方新古典经济学的一个重要假设就是市场交易本

身是没有成本的，即交易成本为零。直到1937年罗纳德·科斯发表《企业的性质》一文[49]，西方经济学界才逐渐开始引入了交易成本，并且迅速的将其应用到各个领域。科斯在《企业的性质》中开创性的提出了“交易成本”（Transaction Costs）的概念，认为在市场的运行中普遍存在着“交易成本”。交易成本是新制度经济学当中一个非常重要的概念，但交易成本却没有一个公认的定义。科斯提出交易成本之后，不同的经济学家从不同的角度又对交易成本进行了论述。

阿罗（Arrow，K. 1969）肯定了科斯的定义，同时将“利用经济制度的成本”泛称交易成本。包括：信息费用、排他性费用和设计政策并执行的费用[50]。

威廉姆逊（Williamson，O. 1979，1985）从客观环境因素和主观人性因素出发[51]，把交易成本细化为事前、事后的交易成本，并称之为经济学中的摩擦力。威廉姆森（Williamson）在1996年出版的《治理机制》中正式提出了交易成本经济学的概念[52]，系统地论述了交易成本的有关理论及其发展，提出交易成本包括：①达成双方满意的协议成本；②使协议适应预期不到的突发事件成本；③实施协议的成本；④终止协议的成本；⑤获取市场信息的费用；⑥为避免冲突而进行的谈判并付诸法律而支付的费用。

张五常（Cheung，S. 1987）把鲁滨逊经济中不可想象的一切费用归为交易成本[53]，从而“交易成本可以看作是一系列制度成本，包括信息成本、谈判成本、拟定和实施契约的成本，界定和控制产权的成本、监督管理的成本和制度结构变化的成本等，即所谓人与人打交道的成本。诺斯（Noth，D. 1990）从社会分工角度入手[50]，把社会经济活动分成执行交易功能和物质转换功能两种类型，实质上给出了一个与张五常的交易成本概念十分接近的定义。

斯沃林（Seuring，2001）[47][54]把供应链成本分为三个成本层次：直接成本、作业成本、交易成本，这三个成本层次为分析和优化供应链成本奠定了基础。其中交易成本包括所有与供应商和客户处理信息和通讯的所有活动而发生的费用，旨在协调、控制和适应彼此的交易关系。

可以看出，对交易成本的理解有狭义和广义之分，狭义的概念专指市场交易成本，科斯、威廉姆森、斯沃林等人就是从这个角度解释交易成本的；而广义的概念则将人类的交往活动，包括市场交易活动、组织内部的管理活动以及创建和变革制度或组织等引起的费用均视为交易成本，张五常、诺斯就是从这一角度定义交易成本的。本书对交易成本的论述主要是从狭义的角度进行的。

企业层面上交易成本，主要是指供应链合作伙伴形成过程中发生的成本以及维持供应链合作伙伴关系所发生的成本。因此，在分析其构成时，可以将其分为事前交易成本和事后交易成本两个部分。为了促成交易的进行，交易者首先要选择合适的合作伙伴（寻找供应商或者寻找客户），要获取交易有关信息所耗费的前期费用，包括人工费用、材料费用、咨询费等；交易谈判签约过程所发生的费用等，构成了事前交易成本，另外还有供应链信息流、资金流的衔接等问题所发生的相关成本。

而一旦供应链合作伙伴关系建立之后，需要进行相关的关系维护，如预期由于契约不完全性所导致的道德风险成本，解决契约纠纷引起的成本等，可以把这些成本归为事后交易成本，事后交易成本可以用常见方法进行预测。

（2）供应链组织减少交易成本的原因分析[55]

供应链这种横向一体化形式，之所以可以减少交易成本，是因为：

①供应链企业间紧密的合作关系，有利于克服人的有限理性，可以避免过多的讨价还价引起的交易成本；

②由于在缔约前，无法对契约做出详尽无遗的规定（即便可以，代价也极其高昂），为谨防缔约当事人的机会主义倾向，需要通过供应链企业间的高度信任来化解有效投资与有效的连续性决策之间的冲突；

③基于败德行为、外部性难以追究责任、装配的可变组合等因素，会产生战略失误的风险，而供应链企业间的高度合作与相互信任可以相应地减少这些事前和事后的不确定性；

④信息技术与网络技术可以实现企业间的信息交换，一方面可以克服人的理性局限，另一方面增加可供选择的供应商数量，使市场竞争充分。

从这里可看出，供应链这种“横向一体化”组织方式减少交易成本有 3 个条件：一定的信息技术与交流作支撑；高度的相互信任作前提；良好的企业间合作关系作为基础。

（3）供应链减少企业间交易成本的过程分析[55]

供应链企业间减少交易成本的过程大致包括 3 个阶段：接触交易阶段；相互信任阶段和合作联盟阶段。如图 2-3 所示。

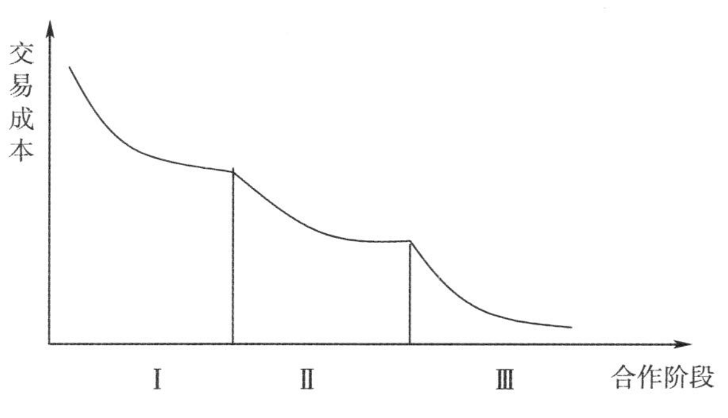


图 2-3　供应链交易成本的阶段分析

Ⅰ-接触交易阶段；Ⅱ-相互信任阶段；Ⅲ-合作联盟阶段

供应链企业间减少交易成本的过程是一个多重的、非零和博弈过程。第一阶段：企业间因为供应与需求，彼此交往接触。这时企业间的关系是一般交易关系，其交易成本也最高。第二阶段：随着交易的进行与重复，彼此的了解得到加强。如果双方都有合作的意愿，并表示相当的合作诚意，企业间的相互信任将随之加深，这便减少了前 3 个因素增大交易成本的可能性。这时，企业间的交易成本将相应地得到降低。供应链中大部分企业间的关系属于此种。第三阶段：如果企业间通过供应商开发，企业间可结成合作联盟关系。供应商开发是指努力维持并创造与竞争力强的供应商之间的网链管理，以提高供应商的技术、质量、交货与成本控制能力。它包括供应商协调与供应商发展。供应商协调以消除企业间的交易成本，供应商开发以消除企业内的生产成本。这时的供应链企业间是战略联盟关系，共同理解彼此的需要，共同建立日常工作系统，共同控制质量系统，共同进行企业间交流，共同确定计划方法并共享企业发展战略。这种关系常常发生在核心企业与主要的供应商之间。

### 2.2.2 供应链物流成本的构成分析

站在生产商的角度，通过分析其作业职能来划分物流成本，将物流成本划分为运输成本、库存持有成本、订单处理成本和缺货成本四类。

（1）运输成本

运输成本是物流成本中最为重要的一部分，主要包括了运输、装卸和搬运成本等。无论是制造商向上游供应商采购原材料，还是向下游分销商销售产品，只要涉及物品的位移，就会有运输成本。不仅如此，原材料、在产品、产成品等在企业内部的流转也会发生运输成本。在一个常规的生产流程中，运输成本主要包括以下几个方面：将原材料从供应商那里运送到生产商、搬运原材料入库、运送原材料至生产车间、半成品入库（也有可能半成品直接进入下一环节生产，不需要入库）、产成品入库、将产成品运输至分销商。

以上只是从流程的角度划分了运输成本主要有哪些方面构成，那么从成本的性质角度，运输成本又有哪几部分组成呢？

①人工费用：包括按规定支付给运输、配送、搬运职工的基本工资、工资性津贴、奖金和按比例计提的福利费等。

②营运费用：包括运输工具，即车辆和船舶等的

折旧费用、燃料费用、维修费用、保险费用、养路费、过路过桥费等。

③管理费用：包括运输部门管理人员的基本工资、工资性津贴、奖金和按比例计提的福利费以及日常招待、相关税金等。

④如果存在委托给专门的物流公司提供服务的项目，那么运输成本还包括支付给物流公司的服务费。

（2）库存持有成本

库存持有成本是为保持存货而发生的成本，主要包括：仓库职工的工资、奖金、津贴等人工费用；存货资金的应计利息；仓库的租金或者折旧费；仓库的挑选整理费用、存货破损和变质损失费用等。

库存持有成本分为固定成本和变动成本。固定成本与存货数量无关，如仓库的折旧、仓库职工的固定月工资等；变动成本与存货的数量有关，如存货资金的应计利息、存货的破损和变质损失、存货的保险费用等。

具体来说，库存持有成本主要由以下几部分组成：

①存货资金占压成本：存货以占用资金为代价，而对资金而言存在机会成本。资金的机会成本是指，如果资金未被存货占用，将这些资金投放到其他投资领域所能产生的预期回报。

②调价损失成本：由于市场的变化、激烈的竞争、产品的更新换代或其他原因造成的产品市场价格下降，从而造成存货价值的降低。

③库存风险成本：货物存放在仓库中由于各种原

因所造成的损失。部分库存放置太久，或者由于平时对货物的保养不好，会造成货物的损坏，即变成残品废品。此外，货物存放在仓库中也可能由于被盗而造成损失。

（3）订单处理成本

订单处理成本是指企业库存低于保险储备量时，向其上游企业取得订单的成本，主要包括采购人员的人工费用，即采购人员的工资、奖金、津贴等；常设采购机构的基本开支，包括固定资产的折旧费用、日常的招待费用等；采购机构的管理费用，主要是指采购管理人员的人工费用以及差旅费，邮资、电报电话费等支出。

订单处理成本分为固定成本和变动成本。固定成本与订货次数无关，如常设机构的基本开支等；变动成本与订货次数有关，如差旅费、邮资等。

（4）缺货成本

缺货成本是由于存货供应中断而造成的损失，包括材料供应中断造成的停工损失、产品库存缺货造成的延迟发货损失和丧失销售机会的损失（还应包括可能产生的商誉损失）。如果企业以紧急采购原材料来解决库存材料中断之急，那么缺货成本就表现为紧急采购大于正常采购的成本。如果某种产成品缺货时，客户就会转而购买竞争对手的产品，那么整个供应链产生的利润损失就是缺货成本。

缺货成本具体可以分为以下类型：

①延期交货：如果顾客不转向其他企业，一旦恢复存货供应时，再来购买，则不发生缺货成本。但如果企

业为了不失去顾客而进行紧急的加班生产，利用速度快、收费高的运输方式运送货物，则这些成本就构成延期交货成本。

②失去销售机会：某些顾客在缺货时会转向其他竞争者，当下次购买时，又会回头再购买本企业商品，这时缺货成本是此次未售出商品的利润损失，也包括不可计量的机会损失；某些顾客在本企业缺货时，永远转向了其他供应商，这时缺货成本损失最大，由企业每年从该顾客身上获得的利润和该顾客的寿命期限决定。

## 2.3 供应链成本与供应链管理的关系

供应链是成本管理中的一个重要概念，它体现了动态成本管理的特性。面向顾客，将供应商、产品制造企业、运输业和分销公司等都视为创造顾客价值的实体，而每个企业既是供应链中某个企业产品的用户，又是另一个企业的供应商。优化的供应链管理借助于网络、信息技术及时满足顾客需求，在减少各环节之间延误的同时，达到最小库存、最小总成本以实现增值最大化，供应链优化将为企业带来更低的成本优势，并转化为持续的核心竞争力。

供应链成本包括物流成本和交易成本两个方面，因此降低供应链成本就要从这两个成本层次下手，站在供应链管理的角度来降低供应链节点企业的成本。

### 2.3.1 供应链物流成本的管理策略

供应链物流成本包括节点企业之间订货、库存、配送等作业消耗的成本，所以优化供应链物流成本，必须从以下几个方面入手：

（1）首先是供应链分销网络的设计和供应链分销网络的优化，能够使得广大用户方便快捷地获得产品；

（2）其次是供应链订货策略，其实订货策略和库存管理是有关系的，一般情况下，要订货成本和库存管理成本之和作为订货策略评价的标准，如果存在商业折扣的情况，也要考虑这个因素；

（3）供应链库存管理也是降低供应链物流成本的有效途径。库存管理要和生产计划相一致，不然就会存在库存积压成本或缺货成本，这都会增加整个供应链的成本，因此需要供应链上下游企业加强信息沟通，使企业生产和销售一致，现在借助网络、信息技术是能够实现这个目标的；

（4）供应链配送管理要求在保证满足客户要求的前提下，用最低的成本把产品送到客户的手中。

### 2.3.2 供应链交易成本的管理策略

供应链成本中的交易成本是供应链企业之间的商流、信息流和资金流交易而产生的成本，因此需要供应链企业之间的合作来优化交易成本。

（1）首先要建立供应链战略合作伙伴关系，在建立合作伙伴关系的过程中，要精心选择合作伙伴，并且对合作伙伴的绩效进行评价，采取优胜劣汰的策略；

（2）其次要制定供应链生产和供应计划的协同策略，使信息流能够在供应链成员企业间实时交互；

（3）最后要制定供应链合作伙伴的激励策略，由于交易环境不确定性和交易成员的有限理性，可能会出现机会主义，产生一些不必要的成本，因此要对供应链合作伙伴采取激励措施和供应链收益分配机制，这样能够保证供应链健康地运行下去。

供应链管理是以降低供应链成本，即降低供应链物流成本和交易成本为目的的，供应链管理的种种策略在客观上也必然能降低供应链成本。供应链管理策略与供应链成本之间的关系如图2-4所示。

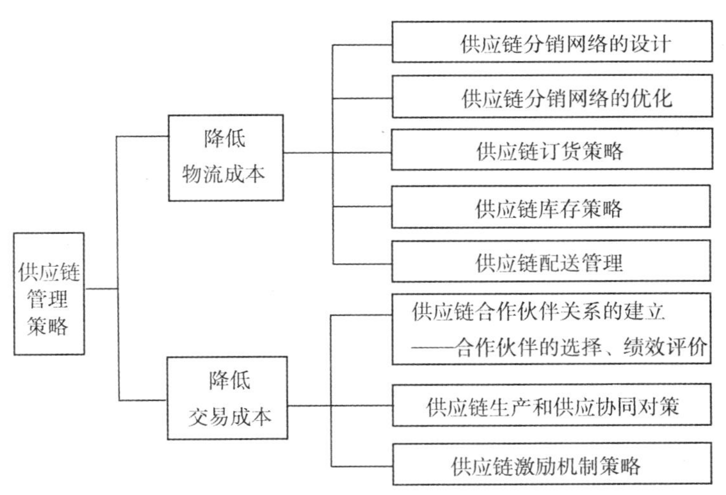


图2-4　基于成本分析的供应链管理策略分析

## 2.4　国内供应链管理研究方向综述

供应链作为一个新兴的研究领域始于20世纪80年代。目前，供应链管理已引起理论界和实务界的广泛关注。国内学术界也从不同的角度对供应链管理的各个方面展开了研究。这里试图从供应链成本管理的角度出发，对供应链管理的相关文章的研究方向进行分析、统计和归纳。

### 2.4.1 供应链管理研究方向统计分析

这里分析了 2002～2007 年间发表在国家自然科学基金委员会管理科学部认定的国内 20 种重要学术刊物中有关供应链管理方面的研究论文，从刊名、论文题目和研究方向三个方面对该部分文章进行了统计、汇总，归纳出了供应链管理研究方向的分类框架。

表 2-1 是 20 种期刊近年来对供应链管理的各个方面进行研究的论文数量统计情况。与图 2-7 中供应链成本的降低策略相对应，论文研究方向也被分成了相应的 8 类。

**期刊与研究方向统计分析** 表 2-1

| 研究方向 / 刊名 | 供应链物流成本的管理策略 | | | | | 供应链交易成本的管理策略 | | | | 合计 |
|---|---|---|---|---|---|---|---|---|---|---|
| | | | | | | 战略合作伙伴 | | | | |
| | 网络设计 | 网络优化 | 库存管理 | 订货策略 | 配送管理 | 选择 | 绩效评价 | 生产和供应计划协同 | 激励机制 | |
| 系统工程 | 5 | 3 | 6 | 1 | 1 | 3 | 1 | 8 | 2 | 30 |
| 系统工程理论与实践 | 2 | | 3 | | 2 | 4 | | 4 | 2 | 17 |
| 管理工程学报 | 2 | 3 | 2 | 1 | 2 | 2 | | 1 | 3 | 16 |
| 中国管理科学 | | | 3 | 1 | | | | 9 | 3 | 16 |
| 系统工程理论方法应用 | | | 3 | 1 | 2 | | 2 | 2 | 1 | 11 |

续上表

| 研究方向<br>刊名 | 供应链物流成本的管理策略 | | | | | 供应链交易成本的管理策略 | | | | 合计 |
|---|---|---|---|---|---|---|---|---|---|---|
| | 网络设计 | 网络优化 | 库存管理 | 订货策略 | 配送管理 | 战略合作伙伴 | | 生产和供应计划协同 | 激励机制 | |
| | | | | | | 选择 | 绩效评价 | | | |
| 管理科学学报 | | | 2 | 2 | | | 1 | 6 | | 11 |
| 数量经济技术经济研究 | 1 | | 2 | 1 | | 2 | 1 | 1 | | 8 |
| 系统工程学报 | 1 | 2 | | 1 | | | | 3 | | 7 |
| 控制与决策 | | | 1 | 2 | | 1 | | 2 | | 6 |
| 南开管理评论 | 2 | | | | | 1 | 3 | | | 6 |
| 预测 | | | | | 1 | | 1 | 3 | | 5 |
| 运筹学学报 | | | 2 | | 1 | | | | 1 | 4 |
| 数理统计与管理 | | | | | 1 | | 1 | | | 2 |
| 会计研究 | | | | | | | | | 1 | 1 |
| 科学学研究 | | | | | | | 1 | | | 1 |
| 科研管理 | | | | | | | 1 | | | 1 |

续上表

| 研究方向 / 刊名 | 供应链物流成本的管理策略 | | | | | 供应链交易成本的管理策略 | | | | 合计 |
|---|---|---|---|---|---|---|---|---|---|---|
| | 网络设计 | 网络优化 | 库存管理 | 订货策略 | 配送管理 | 战略合作伙伴 选择 | 战略合作伙伴 绩效评价 | 生产和供应计划协同 | 激励机制 | |
| 管理评论 | | | | | | 1 | | | | 1 |
| 合计 | 13 | 8 | 24 | 10 | 10 | 14 | 12 | 39 | 14 | 144 |

从表 2-1 中可以看出各个研究方向的文章总数量以及各个期刊所对应的各个研究方向的文章数量及其合计数量。在这 20 种期刊里，发表供应链管理相关文章最多的期刊是《系统工程》，为 30 篇。其次是《系统工程理论与实践》、《管理工程学报》和《中国管理科学》，分别为 17 篇、16 篇和 16 篇。研究与发展管理、情报学报和管理世界三种期刊近年无相关文章。

图 2-5 可以看出，在这各个研究方向中，研究“生产和供应计划协同”的文章数量最多，为 39 篇。其次是库存管理方向的 24 篇。

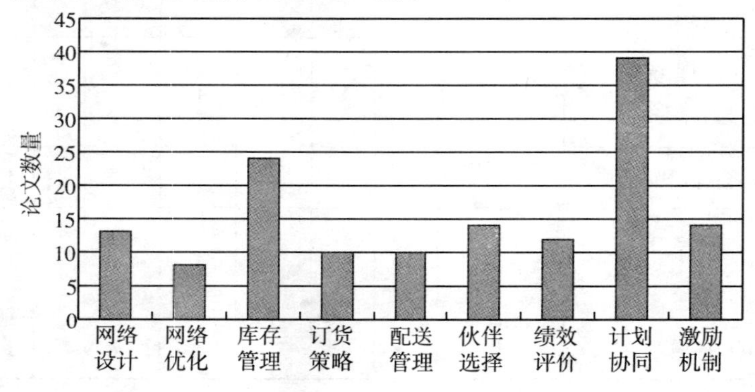


图 2-5　不同研究方向论文数量比较

### 2.4.2 不同研究方向评述

（1）供应链网络的设计。供应链网络设计是供应链管理中重要的战略决策问题，对供应链战术层和运作层计划的制定与执行有长期而深远的影响。因此，受到了广泛关注并成为供应链管理研究的热点问题。

统计资料中共有 13 篇文章对此部分进行了研究，《系统工程》5 篇，《管理工程学报》2 篇，《南开管理评论》2 篇，《系统工程理论与实践》2 篇，《数量经济技术与经济研究》1 篇，《系统工程学报》1 篇。其中，王志强等利用 MRP Ⅱ 中的物料单（BOM：bill of material）工具，在考虑顾客个性化需求的基础上建立了以供应链联盟整体收益最大化为目标的供应链整体设计决策模型，通过该模型面对市场需求多样化的供应链联盟可更好的满足当今顾客个性化生产需求，在一定程度上实现大规模低成本个性化生产的目标[56]；王福寿等分析了传统供应链模式存在的问题以及即时顾客化定制对供应链的要求，在此基础上提出了信息协调型供应链[57]；贺竹磬等建立了基于物流成本最小的多级供应链网络模型，该模型综合考虑了运输成本，设施的建设开办成本以及生产装配成本[58]；赵晓煜、黄小原等从供应链核心企业的角度出发，提出了一种面向重要供应商和客户的供应链设计方法，建立了一个多目标混合整数规划模型来描述供应链设计问题，该模型体现了关系管理的思想[59]；计小宇等利用不确定规划，根据决策者的要求，对供应链网络设计问题进行建模[60]。

（2）供应链网络的优化。供应链网络的优化是对供应链的各个阶段加以集成和协调，以降低整个供应链的运营费用，提高客户服务水平，从而增强企业的竞争力。

统计资料中共有 8 篇文章对此部分进行了研究，《管理科学学报》3 篇，《系统工程》3 篇，《系统工程学报》2 篇。其中，孙会君和高自友从供应链集成的角度出发，利用双层规划模型描述了二级分销网络优化问题，充分考虑了网络决策部门及客户双方的自身及共同利益并设计了启发式求解算法[60]；王迎军和高峻峻研究了多个制造商多个分销商组成的分销系统，在综合考虑库存成本、订货成本、运输成本和缺货成本的基础上建立了较为全面的分销网络成本模型，以分销商满足市场需求时的服务水平作为优化问题的约束条件，求解成本优化问题[62]；常良峰、黄小原等应用管理会计中的作业成本分析，研究并改进了供应链的作业成本结构，并在区别顾客的普通订货量和直接订货量、考虑分销商的订单合并以及最小订货批量和最小净利润要求的基础上建立了分销商的静态成本优化模型[63]。

（3）供应链库存管理。库存是供应链的主要功能要素之一，库存管理问题是供应链管理重要研究内容之一，也是诸多研究学者研究的热点。

统计资料中共有 24 篇文章对此部分进行了研究，《系统工程》6 篇，《系统工程理论方法应用》3 篇，《系统工程理论与实践》3 篇，《中国管理科学》3 篇，《管理工程学报》2 篇，《管理科学学报》2 篇，

《数量经济技术与经济研究》2篇,《运筹学学报》2篇,《控制与决策》1篇。其中,柳键在时变需求环境下,基于模型推导得到供需双方基本库存水平局部优化与整体优化决策方程,并基于算例对基本库存水平整体优化的成本绩效以及需求时变性的影响进行数据分析,得到整体优化明显降低供应链库存成本的重要结论[63];何勇,杨德礼研究在具有两个不同销售周期的销售市场情形下,当需求率、生产率和折损率为常数时,从供应链整合的角度对折损产品的库存系统进行了优化[65];邵晓峰,季建华建立了有服务时间约束的集中型管理和分散型管理的大规模定制的库存成本模型,比较了标准化或模块化与过程重组两种延迟策略对系统库存成本的影响[66];唐宏祥研究了在JIT和VMI环境下零售商和制造商之间的库存协作问题,分析了零售商和制造商提高库存协作水平的激励机制,进一步指出了VMI对于供应链的战略重要性[67]。

(4)供应链订货策略。供应链中的每个节点都是后一节点的供应商,又是前一节点的顾客,供需关系始终贯穿整个供应链。因此,供需双方订货批量研究是供应链管理的一个最重要也是最基本的内容之一。

统计资料中共有10篇文章对此部分进行了研究,《管理科学学报》2篇,《控制与决策》2篇,《管理工程学报》1篇,《数量经济技术与经济研究》1篇,《系统工程》1篇,《系统工程理论方法应用》1篇,《系统工程学报》1篇,《中国管理科学》1篇。其中,文晓巍和达庆利针对变质产品供应链,建立了多产品的库存模型，分析了基于五种不同订购策略下总成本函数的性质，提出了多种变质商品的近似最优订购策略[68]；李随成和尹洪英研究由一个制造商和多个分销商组成的分销系统的最优订货策略问题，在外部顾客需求不断变化的情况下，以不断提高分销系统双方合作绩效为目标，基于Q学习算法确定了每个分销商的最优订货批量[68]；黄祖庆和达庆利等考虑由一个供应商和一个零售商组成的供应链中，供应商分担零售商一部分缺货损失且交货时间为变量的情况下，利用博弈论的理论和方法，建立了供应商与零售商的合作竞争订货模型，研究结果表明，零售商的最优订货策略和供应商的最优交货时间不但与供应商分担的缺货损失比例有关，而且还与零售商和供应商在市场中的主导地位有关[70]。

（5）供应链配送管理。配送在供应链环境下是指产品从供应商到客户的移动存储阶段。配送系统的效率对整个供应链的效率起着决定性的作用，它是实现供应链整体目标的基本手段。

统计资料中共有10篇文章对此部分进行了研究，《管理工程学报》2篇，《系统工程理论方法应用》2篇，《系统工程理论与实践》2篇，《数理统计与管理》1篇，《系统工程》1篇，《预测》1篇，《运筹学学报》1篇。其中，李延晖和马士华建立了考虑时间约束的配送系统模型，并根据模型的特殊结构开发出一种相应的启发式算法，设计配送系统时，除了使系统的总费用最小外，还考虑了各需求点对时间的要求[71]；汪传旭运用多目标混合整数规划模型，考虑在多货种和多个承运人情形下，对运输服务供应链中承运人数量及其相应货载份额进行优化决策，该决策模型综合考虑了承运人根据运输收益给予不同折扣价格环境下运输价格、运输质量和交货绩效等因素，有助于托运人有效而合理地选择承运人和分配货载[70]；王发鸿和达庆利从车辆路径的角度研究了具有一个配送中心、多台车辆结合前向物流配送和逆向物流回载的闭环供应链运输策略，考虑到逆向物流中回收产品的数量不确定性、不同形态及可分批运输的特点，引入冗余库存限制和成本惩罚，建立并分析了问题的数学模型[73]。

（6）战略合作伙伴关系的建立。在供应链竞争的时代，能否在供应链企业间建立长期稳定的合作伙伴关系是企业获得持久竞争优势的关键。然而，调查显示我国供应链企业的合作伙伴关系严重缺乏长久性和稳定性，合作关系的失败率已达50%～60%，并且一直居高不下。合作关系的意外中断会导致供应链企业间物流、信息流和资金流的失衡，供应链因而遭受巨大损失。因此，合作伙伴关系的建立，是供应链管理的难点。该部分内容主要包括两个方面：战略合作伙伴的选择和供应链绩效的评价。

关于合作伙伴的选择研究，统计资料中共有14篇文章对此部分进行了研究，《系统工程理论与实践》4篇，《系统工程》3篇，《数量经济技术与经济研究》2篇，《管理工程学报》2篇，《管理评论》1篇，《控制与决策》1篇，《南开管理评论》1篇。其中，欧佩玉和汪应洛等分析了现有的作业成本计算法（ABC）

基础上的供应商评价和选择方法的不足，建立了作业基础的所有权总成本（TCO）矩阵，从两个不同的成本维度系统地定义和分类企业与供应商发生联系的各种成本，最后用一个案例说明了TCO模型的应用可以为企业的供应商评价和选择决策提供客观的、易理解的有用信息[74]；陈畴镛和陆锦洪提出了供应链合作伙伴选择的二阶段模型：筛选阶段与评价阶段，并应用数据挖掘方法对潜在的合作伙伴进行聚类和分类分析，使供应链的合作伙伴选择过程更为高效[75]；戴勇在基于AHP的DEA分析基础上提出虚拟物流企业联盟伙伴选择方法，通过三阶段选择确定物流联盟伙伴：首先进行定性指标AHP层次分析，确定候选企业的综合素质，然后将评价结果作为DEA分析的输出项，结合定量指标得出DEA有效性企业，最后通过规划模型得出组建联盟的伙伴[76]。

关于供应链绩效评价的研究，统计资料中共有12篇文章对此部分进行了研究，《南开管理评论》3篇，《系统工程理论方法应用》2篇，《管理科学学报》1篇，《科学学研究》1篇，《科研管理》1篇，《数理统计与管理》1篇，《数量经济技术与经济研究》1篇，《系统工程》1篇，《预测》1篇。其中，初颖和刘鲁等提出利用基于密度的聚类挖掘技术采集分析供应链特征，为使用标杆法比较和改善供应链绩效提供了决策依据[77]；朱庆华和赵清华讨论了绿色供应链管理的发展与内涵界定、研究内容以及绿色供应链管理与企业绩效之间的关系，以期为企业实施从供应链管理战略模式到绿色供应链管理战略模式的转变提供决策支持[78]；王凤彬从节点企业及其相互关系的角度对供应链结构进行了科学定义，并将之作为解释变量，在界定供应链节点企业间界面关系测量维度的基础上，通过世界PC业竞争格局变化中三条代表性供应链结构特征的对比，分析了供应链竞争优势如何从供应链节点企业间的关系重塑中产生，并如何影响供应链总体绩效水平并提出了有关供应链结构、竞争优势和战略以及绩效关系的分析框架[79]。

（7）供应链生产和供应计划协同对策。供应链协同计划指的是供应链物流部门在周期时段内根据历史及当前市场销量做出持续更新的需求预测，并据此确定和计划投入产出、分包、库存、促销、价格、产品生命周期水平的内部整合过程。它通过强化与分销伙伴信息共享、制定共同对策加速渠道库存流转、压缩产品销售前置期的外部整合过程，来协调生产、市场、财务的综合目标，以达到最充分的需求链满足和最佳库存速度的多赢效应，并最终实现企业利润最大化的过程。

统计资料中共有39篇文章对此部分进行了研究，《中国管理科学》9篇，《系统工程》8篇，《管理科学学报》6篇，《系统工程理论与实践》4篇，《系统工程学报》3篇，《预测》3篇，《控制与决策》2篇，《系统工程理论方法应用》2篇，《管理工程学报》1篇，《数量经济技术与经济研究》1篇。其中，张玉林和陈剑基于需求信息的不确定情况，对由一个供应商和一个销售商组成的两层供应链系统进行了研究，分析了搜集不确定需求信息的条件，回答了什么条件下销售商与供应商共享这种不确定的需求信息，为管理者进行供应链实践提供了一些有益的帮助[80]；潘景铭和唐小我研究了需求不确定条件下柔性供应链生产决策优化问题，以供应链期望总成本最小化为目标函数，考虑生产柔性为约束条件，建立了柔性供应链生产决策模型，通过优化分析，给出了供应链生产柔性有效边界的定义和经济意义[81]；唐林彬和梁樑针对供应产品周期性波动给下游制造商生产管理带来的一系列问题以及给供应商的收益带来的不确定性，在前人研究的基础上进行拓展改进，建立了一个基于合作的数学模型，在这个模型里给出了一个合作存在性定理，同时，提出一种合作机制，可以让供求双方消除波动，收益变的稳定，从而实现供求双方的双赢，并且还设计一个谈判模型，可以使整个供应链长期合作下去[82]。刘诚，陈治亚讨论了包括运输成本、购货成本以及库存成本在内的总成本最小的供应链协作供应问题，在带有时间需求的多个供应点协作供应的前提条件下，建立了使总成本最小的多物资需求的数学模型，并设计了一个求解该模型的算法并证明了该算法的可行性和最优性[83]。

（8）供应链激励机制策略。激励机制是指组织系统中，激励主体通过激励因素或激励手段与激励客体之间相互作用关系的总和。在供应链管理的研究中，人们认为供应企业与需求企业之间采用专门的协作机制能促使每个企业个体的决策接近系统最优的水平。因此，生产商经常给予分销商一些激励政策，以影响分销商的订货决策，使自己和分销商都获得利润的增加，从而达到双赢。

统计资料中共有 14 篇文章对此部分进行了研究，《管理工程学报》3 篇，《系统工程理论与实践》3 篇，《中国管理科学》3 篇，《系统工程》2 篇，《系统工程理论方法应用》1 篇，《运筹学学报》1 篇，《会计研究》1 篇。其中，张新锋和赵彦等以一个两阶段供应链为研究对象，建立了多目标、多因素管理激励机制模型，研究结果表明通过建立良好的供应链信息共享条件及有效的信息共享管理激励机制，可以提高供应链的性能，实现供应链成员“双赢”[84]；黄祖庆和达庆利利用博弈论和信息经济学理论和方法，深入研究了一类两级供应链在产品价格固定、需求是随机的情况下激励机制的设立以及该激励机制对供应商和零售商收益产生的影响[85]；李良和谢秉磊采用委托——代理理论来考察供应链核心企业对其他成员的激励与监督问题，给出了供应链中激励与监督的委托——代理模型框架，并对供应链中的激励机制和监督机制进行了对比分析[86]。

## 2.5 本章小结

本章首先界定了供应链成本的内涵及其构成，从供应链成本的角度研究了供应链管理的基本策略。

（1）供应链管理实际上是对供应链企业之间的商流、物流、信息流、资金流的集成管理。其中，供应链企业间的物流活动是供应链物流成本的动因，而供应链企业间的商流、信息流和资金流是供应链交易成本的动因。由此可以将供应链成本分为物流成本和交易成本两个部分。

（2）企业层面上的交易成本，可以分为事前交易成本和事后交易成本两个部分。而供应链物流成本可以分为运输成本、库存持有成本、订单处理成本和缺货成本四类。

（3）从降低供应链成本的角度出发，来对供应链管理的内涵进行分类，则供应链物流成本的有效管理途径包括供应链分销网络的设计、供应链分销网络的优化、供应链订货策略、供应链库存管理和供应链配送管理等；而有利于降低供应链交易成本的主要策略包括供应链战略合作伙伴关系的建立、供应链生产和供应计划协同对策、供应链激励机制策略。近年来国内专家学者就这些研究方向分别开展了一定的工作。

# 第三章　供应链交易成本的核算与分析

## 3.1　供应链交易成本的会计核算

20 世纪 70 年代以来，经济学家已经建立起了对纵向一体化的交易成本分析框架。近年来国内外学者注意到了交易成本理论的应用价值，纷纷从交易成本角度来分析供应链相关领域。然而，这些学者大多是借鉴和运用交易成本学说对供应链管理的相关方面进行了定性分析，从定量上对交易成本进行度量、建模并进行影响分析的研究却较为少见。

交易成本的度量一直是交易成本理论发展的一个难点。正如威廉姆逊（Williamson 2002）[51] 所指出的，在对交易成本进行实际测算时主要的难题在于难以对交易成本本身进行清楚的界定，这也决定难以建立一个较为准确、清晰的指标体系来综合评价、测算交易成本。然而，对交易成本进行度量无疑又是极其重要的，如果我们无法准确对供应链交易成本进行清楚界定的话，极易导致人们对于任何现象都可以简单地标上“交易成本”的标签，这也造成了对交易成本概念的误用和滥用。

建立供应链合作伙伴关系的一个重要原因就是要降低交易成本，通过供应链节点企业建立信任机制，信息共享，共同降低交易成本。企业在运行过程中，如果对交易成本不加注意而导致其发生的太高的话，会蚕食掉节点企业的大部分利润，从而影响整条供应链的收益。然而，由于人的自利本性、机会主义行为的强烈倾向，甚至人的有限理性，都将极大地影响到交易成本的不确定性，并使交易过程中的交易成本变得无以说明和度量。

正因为供应链节点企业的交易成本影响供应链管理的效率，供应链节点企业有必要对其进行单独处理，个别核算。从而在理论上，有必要构建供应链交易成本会计核算体系；在实践上，企业有必要设立供应链交易成本会计岗位，对供应链节点企业所发生的各项交易的成本进行系统的核算、分析，以便使企业管理层了解交易成本方面的信息，进而，使其在处理供应链企业交易的各项事务时，能更加科学、系统、完善。

### 3.1.1 供应链企业交易成本核算的科目设置

供应链交易成本是供应链节点企业之间用于寻找交易对象、签约及履约等方面的所有支出，包括金钱、时间和精力的支出。一般情况下，可以分为事前交易成本和事后交易成本。

（1）事前交易成本

事前交易成本可细分为信息搜寻成本和谈判签约成本，信息搜寻成本包括搜寻商品的价格、质量、款式及潜在交易对象及其信用水平等所花费的时间、精力和金钱；谈判签约成本是指在了解了相关的交易信息并初步确定交易伙伴之后，交易各方需要就交易的品种、质量、价格、数量、结算方式、包装条件、交易时间、交割方式等内容展开洽谈，并在双方取得共识的基础上签订交易契约这一系列过程中所花费的成本。

在“事前交易成本”科目下又设“信息搜寻成本”、“合同谈判成本”、“签订合同成本”等明细科目。

（2）事后交易成本

事后交易成本可细分为契约履行费用和契约变更费用，契约履行费用是指在交易契约签订以后，需要对交易对方的履行情况进行监督和激励，以确保自己利益不受到损失；在履约过程中如果发生纠纷或自己利益受到侵犯，还需要诉诸法律手段解决。所有这些为确保契约得意履行的努力都需要花费一定的费用；契约变更费用是指在交易契约签订以后，如果交易对方中止契约，必然给交易者造成巨大的损失，包括为达成和执行所花费的交易费用损失、市场机遇丧失所带来的机会损失、达成新的契约所需要花费的交易费用等。

在“事后交易成本”科目下又设“激励成本”、“监督成本”、“违约金”、“律师费用”、“诉讼费用”、“公共关系费用”等明细科目。

### 3.1.2 供应链企业交易成本会计的账务处理

首先，应设立“供应链交易成本”会计科目，下设“事前交易成本”和“事后交易成本”两个二级科目。在“事前交易成本”科目下又设“信息搜寻成本”、“合同谈判成本”、“签订合同成本”等明细科目；在“事后交易成本”科目下又设“激励成本”、“监督成本”、“违约金”、“律师费用”、“诉讼费用”、“公共关系费用”等明细科目。并建立起相应的交易成本核算准则和一系列核算程序和方法。

（1）事前交易成本核算

核算事前的交易成本的会计科目有信息搜寻成本、谈判成本、签订合同成本。

①信息搜寻成本：核算因一项交易而收集相关信息而发生的各项费用，含广告宣传费、展览费、信息和价格调研人员的差旅费、咨询费、通讯费、印刷费以及信息设备折旧费等支出。

②合同谈判成本：核算一项交易在谈判阶段发生的业务招待费、差旅费、谈判人员工资等。

③签订合同成本：核算签订一项交易合同过程中起草和签约等活动发生的招待费、差旅费、签约人员的工资。

（2）事后交易成本核算

核算事后的交易成本的会计科目有激励成本、监督成本、交易变更费用、公共关系费用等。

①激励成本：为了使供应链更加有效率，供应链节点企业需要付出激励成本，比如：价格优惠、收益返还等。

②监督成本：契约签订以后，需要对交易对方的履约情况进行监督考核，以确保自己的利益不受到侵

犯，这就要发生相应的成本，比如：监督人员的工资、差旅费、其他考核成本等。

③交易变更费用：由于出现意料之外的偶发事件，不能继续履行契约，按照合同规定需要支付违约金；在履约过程中如果发生纠纷或自己利益受到很大侵犯，可能要诉诸法律手段解决，需要支付律师费和诉讼费用；如果一项交易终止，那么以前为签订合同所发生的信息费用、谈判费用、签约费用、监督履约费用和丧失其他机遇的机会损失等就是损失成本。

④公共关系费用：供应链中的企业需要和上下游的打交道，需要支出业务招待费、差旅费用、公关人员工资福利等。

从以上交易成本所列项目可以看出，交易成本跨越了传统意义上销售费用的界限划分，是交错于各个费用之间的费用集合，更是严重影响各个费用的一个重要成本概念。它既包括了一部分销售费用，也包括了一部分管理费用，还有一些财务费用和营业外支出也应归集在交易成本里。我国现行会计实务中一般将为购货而发生的交易成本列作管理费用；将为销货而发生的交易成本列作销售费用。下面以制造企业的销售业务为例，分析供应链交易成本会计科目与现行会计核算科目的对比情况，如表 3-1 所示。

先按照表 3-1 的分类进行科目设置，建立起账簿凭证等，当发生与供应链交易相关活动时，取得原始凭证，然后根据原始凭证编制记账凭证，再根据记账凭证登记总账、明细账。

**供应链交易成本会计科目与现行会计核算科目对照表** 表 3-1

| 交易成本科目 | | 交易成本明细科目 | 现行会计核算体系中科目 |
|---|---|---|---|
| 事前交易成本 | 信息搜寻费 | 广告宣传费、展览费 | 销售费用 |
| | | 调研人员的差旅费 | 销售费用 |
| | | 咨询费 | 销售费用 |
| | | 通讯费、印刷费 | 销售费用 |
| | | 信息系统设备折旧 | 管理费用 |
| | 合同谈判成本 | 业务招待费、差旅费 | 销售费用 |
| | | 谈判人员工资 | 销售费用 |
| | 签订合同成本 | 业务招待费、差旅费 | 销售费用 |
| | | 签约人员工资 | 销售费用 |
| 事后交易成本 | 激励成本 | 价格优惠 | 财务费用 |
| | | 现金实物奖励 | 营业外支出 |
| | 监督成本 | 监督人员的工资、差旅费 | 销售费用 |
| | | 其他考核成本 | 销售费用 |
| | 交易变更费用 | 违约金 | 管理费用 |
| | | 律师费用、诉讼费用 | 管理费用 |
| | | 变更损失成本 | 营业外支出 |
| | 公共关系费用 | 业务招待费、差旅费用 | 销售费用或管理费用 |
| | | 公关人员工资福利 | 销售费用或管理费用 |

## 3.2 供应链交易成本的分析模型

在对供应链交易成本进行分析计量时，对于已经发生的事前交易成本，可以从会计原始资料中提取数据，利用作业成本法进行分析、确认。例如，为了促成交易的进行，交易者要获取交易有关信息所耗费的前期费用，包括人工费用、材料费用、咨询费等；交易谈判签约过程所发生的费用，都可以从财务会计中相关原始资料中按照作业动因进行分析、确认和计量。站在供应链层次上分析成本发生的动因，然后根据动因分配费用，帮助管理人员找出不增值但消耗资源的作业，尽可能地增加增值作业，消除不增值作业，从而有效管理和控制成本，使得供应链效益最优。

而对于尚待发生的事后交易成本，则可以用常见方法进行预测。如预期由于契约不完全性所导致的道德风险成本，解决契约纠纷引起的成本等。根据供应链节点企业所处的交易环境状况和交易者本身风险规避度情况，应用经验方法和数学模型相结合的方法来预期各项工作可能产生的交易成本。这里根据事前交易成本和事后交易成本的具体情况分别建立分析模型。

### 3.2.1 基于作业成本法的事前交易成本分析模型

（1）基本原理

作业成本法的基本原理是美国学者 Robin Cooper 和 Robert Kaplan 教授提出的“作业消耗资源，产品消耗作业”。它以作业为考察中心，通过对作业的确认、计量和归类，提高了成本核算的准确度。

作业成本计算法不仅仅是计算产品成本的一种方法，它计算的是企业最基本事项即作业的成本。企业完全可以根据管理需求，“按需取数”，计算各种成本对象的成本。因此可以把作业成本法引入到供应链成本管理当中，供应链作业成本法的作用就是从整个供应链的角度通过分析基于作业活动和交易的一般管理成本，从而实现优化总成本的目的。在基于作业成本的供应链核算中，企业交易层次上的交易成本也要加以分析。交易成本要根据与其相关的交易（会见客户或供应商、洽谈合同等）来分析。基于交易的成本是供应链中所有公司的共同责任，这意味着需要他们共同发现、讨论和划分他们在供应链中的交易的成本推动因素。

基于交易层次上的作业成本法的基本思想是：交易消耗作业，作业消耗资源。供应链企业为了达成 $m$ 个交易合同，需要 $n$ 种交易活动，$s$ 种资源，同时设 $BC$ 为事前交易成本，$Q$ 为达成交易之前消耗的交易活动的数量，$R$ 为单位交易活动消耗的资源的数量，$P$ 为所消耗资源的单位价格。

达成交易合同之前有三个交易活动，分别是信息搜寻活动、谈判活动和签约活动。这三个交易活动还可以细分，具体细分交易活动如表 3-2 所示。

**确定交易活动和细分交易活动**　　表 3-2

| 细分交易<br>交易活动 | 交易 1 | 交易 2 | 交易 3 | 交易 4 | 交易 5 |
|---|---|---|---|---|---|
| 信息搜寻 | 展销会 | 媒体广告 | 网络搜寻 | 实地考察 | 信息审核 |
| 谈判活动 | 会见客户 | 会见供应商 | 洽谈合同 | | |
| 签约活动 | 会见客户 | 会见供应商 | 起草合同 | 签订合同 | |

资源是成本的源泉，资源的界定是在交易活动界定的基础上进行的，每一项交易活动都要消耗资源，与事前交易活动无关的资源应该从中剔除出去，事前交易活动中涉及的资源如表 3-3 所示。

确 定 资 源 费 用　　　　表 3-3

| 费用<br>交易活动 | 费用 1 | 费用 2 | 费用 3 | 费用 4 | 共同费用 |
|---|---|---|---|---|---|
| 信息搜寻 | 通讯费 | 广告费 | 设备折旧费 | 差旅费 | 人工费、办公用品低值易耗品、水电等 |
| 谈判活动 | 业务招待费 | 差旅费 | | | |
| 签约活动 | 业务招待费 | 差旅费 | | | |

交易活动和资源费用已经界定好了，现在需要确定资源动因，将资源分配到交易活动；接着需要确定成本动因，交易活动的成本分配到交易合同中。具体的分配方式如图 3-1 所示。

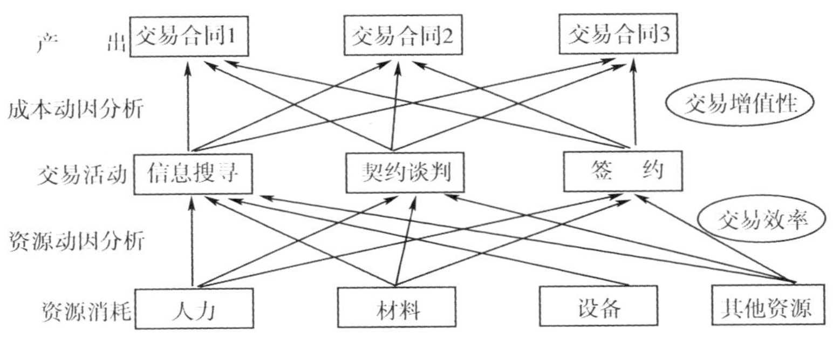


图 3-1　交易过程的资源动因与成本动因分析

（2）基本模型

由上述假设我们可列出基于作业成本的事前交易成本计算公式：

$$BC = Q_{mn} \cdot R_{ns} \cdot P$$

也即：

$$\begin{bmatrix} BC_1 \\ BC_2 \\ \vdots \\ BC_m \end{bmatrix} = \begin{bmatrix} q_{11} & q_{12} & \cdots & q_{1n} \\ q_{21} & q_{22} & \cdots & q_{2n} \\ \cdots & \cdots & \cdots & \cdots \\ q_{m1} & q_{m2} & \cdots & q_{mn} \end{bmatrix} \cdot \begin{bmatrix} r_{11} & r_{12} & \cdots & r_{1s} \\ r_{21} & r_{22} & \cdots & r_{2s} \\ \cdots & \cdots & \cdots & \cdots \\ r_{n1} & r_{n2} & \cdots & r_{ns} \end{bmatrix} \cdot \begin{bmatrix} P_1 \\ P_2 \\ \vdots \\ P_s \end{bmatrix}$$

这个作业成本计算公式包含整条供应链的事前交易成本。供应链节点企业可以通过交易层次上交易活动分析来优化交易，从而识别增值交易活动和不增值交易活动，通过消除不增值交易活动来降低事前交易成本。假设通过分析有 1 种交易活动被消除，那么计算上也不存在这些交易活动消耗的资源，因此相应的资源消耗矩阵也要发生变化。

消除交易层次上不增值交易活动之后的事前交易成本计算公式为：

$$BC = Q_{m(n-1)} \cdot R_{(n-1)s} \cdot P$$

这是通过供应链交易层次上的交易活动优化之后的事前交易成本计算公式。供应链交易优化需要一步一步进行，随着供应链节点企业之间的信任程度而变化，最终目标是实现交易各方的共赢。

### 3.2.2 委托代理关系下的事后交易成本分析模型

事后交易成本包括契约履行成本和交易变更费用。具体来说是契约的监督执行成本，由于契约不完全性所导致的道德风险成本，解决契约纠纷引起的成本等。在委托代理关系下，事后交易成本即委托方（下游企业）的激励和监督支出；代理方（上游企业）的保证支出，以及由于代理方的决策与使委托方福利最大化的决策之间存在某些偏差而导致委托方的福利损失。

委托代理为供应链成本管理提供了一个框架。它考虑了环境中的复杂性和不确定性，以及参与交易的供应链伙伴之间的利益冲突和信息不确定性。詹森和迈克林将委托代理关系定义为“一个或一个以上的人（委托人）委托另一个（代理人）以他们的名义从事某些服务活动的合同，包括授予代理人某些决策权”。在委托代理关系下，供应链上的企业分为委托方和代理方两类企业。这里假设是包含供应商的供应商—供应商—制造商—经销商—经销商的经销商—最终客户的供应链。为了研究方便，我们先研究两方之间的供应链交易成本，然后将整条供应链节点企业两两之间的事后交易成本汇总。

（1）模型假设

①把接近客户的下游企业看作是委托方，而掌握产品成本信息的上游企业看作代理方，因此供应链一个节点企业对于它的上游企业是委托方，对于它的下游企业是代理方。

②委托方得到的产品价值用 $y=rk+\varepsilon$ 表示，$r$ 为代理方的努力程度、$k$ 是专用资产的投资影响系数、$\varepsilon$ 为外部风险。代理人越努力则产品价值越增加，如果代理人的努力程度较小，则相对产品价值会小，所以我们可以认为产品价值 $y$ 与变量 $r$ 之间存在正向关系。$k$ 表示专用性的资产投资对于产品价值的影响。代理人因为契约投入的用于某项特定的专用性资产，通常是模具、专用性的运输设备、灌装器皿，甚至是生产线的某部分等等。$\varepsilon$ 的概率分布是正态分布并且：$E(\varepsilon)$

$=0$，$\mathrm{Var}(\varepsilon)=\sigma^2$。$\varepsilon$ 代表不可控制的影响下游企业产品价值的事件。则有期望产出

$$Ey=E(rk+\varepsilon)=rk,\mathrm{Var}(y)=\sigma^2$$

③委托人（下游企业）对代理人（下游企业）的激励函数

$$\omega(y)=s+b\cdot y$$

委托人对代理人的激励是依靠支付方式来调节和实现的，$s$ 为固定额支付，固定支付与产品价值没有关系。$b$ 是代理方分享的委托方产品价值的份额，也代表委托人与代理人的风险划分程度。在信息不对称的条件下，$b=0$，委托人对代理人只进行固定额度的支付，委托人承担全部风险。$p=1$ 时，由代理人承担较多风险，若此时 $b=0$，代理人承担全部风险。一般情况下，$b$ 取值可以认为是委托人的风险态度。$0<b<1$ 表示风险中性。

④代理人的成本函数 $c(r)=\frac{\lambda}{2}r^2$，$\lambda$ 为成本系数，$r$ 为努力程度。$\lambda>0$ 表示同样的努力带来的负效用的大小。实际收入函数应为：

$$\chi=\omega(y)-c(r)=s+b(rk+\varepsilon)-\frac{\lambda}{2}r^2$$

这说明，代理人的收入与代理人的努力程度、资产专用性投资、外部性风险以及委托人与代理人之间的风险划分有关系。

假定上游企业的效用函数具有不变绝对风险规避特征，即 $\mu=-e^{-\rho\chi}$，其中 $\rho$ 是绝对风险规避度量系数，$\chi$ 是实际收入函数。确定性等价收入为实际收入的

均值减去风险成本：

$$E(\chi)-\frac{1}{2}\rho b^2\sigma^2=s+brk-\frac{\lambda}{2}r^2-\frac{1}{2}\rho b^2\sigma^2$$

其中，$E(\chi)$ 是上游企业的期望收入，$\frac{1}{2}\rho b^2\sigma^2$ 是上游企业的风险成本，当 $b=0$ 时，风险成本为零。上游企业最大化期望效用函数等价于最大化上述的确定性收入。

⑤令 $\chi_0$ 为上游企业的保留收入水平，即上游企业不接受合同时，能得到的最大期望效用，则上游企业的参与约束条件即上游企业从合同中得到的期望效用不能小于不接受合同时能得到的最大期望效用，可以表述如下（IR）：

$$s+brk-\frac{\lambda}{2}r^2-\frac{1}{2}\rho b^2\sigma^2\geqslant\chi_0$$

（2）模型建立

①首先考虑下游企业可以清楚地了解上游企业努力水平 $r$，即在信息完全对称的条件下，对于最优激励合同，激励约束（IC）不起任何作用，任何努力水平的 $r$ 都可以通过满足参与约束（IR）的强制合同实现，因此委托人的问题变成选择 $(s,b)$ 和 $r$ 解下列最优化问题：

$$\begin{cases}\max Ev=-s+(1-b)rk\\ \text{s. t. }(IR):s+brk-\frac{\lambda}{2}r^2-\frac{1}{2}\rho b^2\sigma^2\geqslant\chi_0\end{cases}$$

因为在最优情况下，参与约束的等式成立，下游企业没有必要支付上游企业过多来进行激励，将参与约束通过固定项 $s$ 代入目标函数得

$$\max E\nu = -s + (1-b)rk = rk - \frac{\lambda}{2}r^2 - \frac{1}{2}\rho b^2\sigma^2 - \chi_0$$

因为$\chi_0$是给定的，上述表述意味着委托人实际是在最大化总的确定性等价收入减去努力的成本。最优化的一阶条件为：$k - \lambda r = 0$，可得到最优解：

$$\begin{cases} r^* = \dfrac{k}{\lambda} \\ b^* = 0 \\ s^* = \chi_0 + \dfrac{\lambda}{2}(r^*)^2 = \chi_0 + \dfrac{k^2}{2\lambda} \end{cases}$$

这是一个帕累托最优合同。因为下游企业是风险中性的，上游企业是风险规避的，帕累托最优风险分担要求上游企业不承担任何风险（$b^* = 0$），下游企业支付给上游企业的固定收入刚好等于上游企业的保留收入加上努力的成本，上游企业概念的最优选择是$r^* = \dfrac{k}{\lambda}$

②然后考虑下游企业不能清楚了解上游企业努力水平$r$，仅能从获得的产品价值中判断。由此产生委托人的风险。从代理人的角度看，努力程度$r = \dfrac{b}{\lambda}$，努力程度受到风险分担的影响和工作难易程度的影响。代理人风险分担的份额越大则努力程度越高（受到的激励越大），代理人工作的难度越大，努力程度越低。委托人的最大化目标仍然是：

$$\max E\upsilon = \max[-s + (1-b)rk]$$

$$\text{s. t.}\begin{cases}(\text{IR}):s+brk-\dfrac{\lambda}{2}r^2-\dfrac{1}{2}\rho b^2\sigma^2\geqslant\chi_0\\(\text{IC}):r=\dfrac{b}{\lambda}\end{cases}$$

将上述参与约束（IR）和激励约束（IC）代入目标函数，上述最优化问题可以重新表述为：

$$\max_{s,b}=\max_{b}\left(\frac{bk}{\lambda}-\frac{1}{2}\rho b^2\sigma^2-\frac{\lambda}{2}\left(\frac{b}{\lambda}\right)^2-\chi_0\right)$$

边界条件为：

$$\frac{k}{\lambda}-\rho b\sigma^2-\frac{b}{\lambda}=0$$

即：

$$b=\frac{k}{1+\lambda\rho\sigma^2}$$

假设下游企业不能清楚了解上游企业努力水平，存在两类在对称信息下不存在的代理成本。一类是由帕累托最优风险分担无法达到而出现的风险成本；另一类是由较低的努力水平导致的期望产出的净损失减去努力成本的节约，简称为激励成本。

因为下游企业是风险中性的，努力水平可观测是上游企业承担全部风险意味着风险成本为零。当下游企业不能清楚了解上游企业努力水平时，代理人承担的风险为

$$b=\frac{k}{1+\lambda\rho\sigma^2}$$

风险成本为

$$\Delta RC=\frac{1}{2}\rho b^2\sigma^2=\frac{\rho\sigma^2k^2}{2(1+\lambda\rho\sigma^2)^2}$$

同理期望产出的净损失为：

$$\Delta Ey = \Delta rk = r^{*}k - rk = \frac{k^2}{\lambda} - \frac{k^2}{\lambda(1+\lambda\rho\sigma^2)}$$

$$= \frac{\rho\sigma^2 k^2}{1+\lambda\rho\sigma^2}$$

努力成本的节约：

$$\Delta c = C(a^{*}) - C(a) = \frac{k^2}{2\lambda} - \frac{k^2}{2\lambda(1+\lambda\rho\sigma^2)^2}$$

$$= \frac{2\rho\sigma^2 + \lambda(\rho\sigma^2)^2}{2(1+\lambda\rho\sigma^2)^2}k^2$$

所以激励成本为：

$$\Delta Ey - \Delta c = \frac{\rho\sigma^2 k^2}{1+\lambda\rho\sigma^2} - \frac{2\rho\sigma^2 + \lambda(\rho\sigma^2)^2}{2(1+\lambda\rho\sigma^2)^2}k^2$$

$$= \frac{\lambda(\rho k\sigma^2)^2}{2(1+\lambda\rho\sigma^2)^2}$$

那么事后交易成本为：

$$AC = \Delta RC + (\Delta Ey - \Delta c) = \frac{\rho\sigma^2 k^2}{2(1+\lambda\rho\sigma^2)^2} + \frac{\lambda(\rho k\sigma^2)^2}{2(1+\lambda\rho\sigma^2)^2} = \frac{\rho\sigma^2 k^2}{2(1+\lambda\rho\sigma^2)}$$

事后交易成本随上游企业（代理方）风险规避度 $\rho$ 、产出的方差 $\sigma^2$ 和专用资产投资影响系数 $k$ 的上升而上升。

供应链节点企业两两之间的事后交易成本已经计算出来，现在需要把整条供应链的所有节点企业（供应商的供应商—供应商—制造商—经销商—经销商的经销商—最终客户的供应链）的事后交易成本汇总，得到供应链的事后交易成本为：

$$\sum_{i=1}^{i=a} AC = \sum_{i=1}^{i=a} \frac{\rho_i \sigma_i^2 k_i^2}{2(1+\lambda_i \rho_i \sigma_i^2)} \quad (\alpha \text{为供应链节点数})$$

因此，供应链全部交易成本等于事前交易成本与事后交易成本之和，即：

$$TC = BC + \sum_{i=1}^{a} AC = Q_{m(n-1)} \cdot R_{(n-1)s} \cdot P + \sum_{i=1}^{a} \frac{\rho_i \sigma_i^2 k_i^2}{2(1+\lambda_i \rho_i \sigma_i^2)}$$

## 3.3 本章小结

本章从微观角度分析了供应链交易成本的核算与分析模型。

（1）在企业供应链成本的核算中，可以将交易成本分成事前交易成本和事后交易成本两部分，事前交易成本可以设置信息搜寻费、合同谈判成本、签订合同成本等明细科目分别展开核算，而事后交易成本则可以设置激励成本、监督成本、交易变更费用和公共关系费用等明细科目进行核算。

（2）基于作业成本模型和委托代理理论，可以分别建立对事前交易成本和事后交易成本的分析模型，以便企业进行有效的供应链交易成本管理与控制。

# 第四章　供应链物流成本的核算与分析

## 4.1　供应链物流成本的核算对象及科目设置

### 4.1.1　供应链物流成本的核算对象

物流成本的核算对象应根据物流成本计算的目的及企业物流活动的特点予以决定。一般说来，物流成本核算的对象有如下几种：

(1) 以某一物流成本项目为对象。把一定时期的物流成本，从财务会计的计算项目中抽出，按照成本费用项目进行分类计算。它可以将企业的物流成本分为企业自家物流费、委托物流费和外企业代垫物流费等项目分别进行计算。其中，企业自家物流费包括按相应的分摊标准和方法计算的为组织物流活动而发生的材料费、人工费、燃料费、办公费、维护费、利息费、折旧费等；委托物流费包括企业为组织物流向外单位支付的包装费、保管费、装卸费等；外企业代垫物流费包括在组织原材料（商品）采购和商品销售过程中由外单位（企业）代垫的物流费用。

（2）以某种物流功能为对象。即根据需要，以包装、运输、储存等物流功能为对象进行计算。这种核算方式对于加强每个物流功能环节的管理，提高每个环节作业水平，具有重要的意义。而且可以计算出标准物流成本（单位个数、重量、容器的成本），进行作业管理，设定合理化目标。按照物流成本的功能作为成本核算对象，可以核算得到的物流成本信息可以汇总如表 4-1 所示。应该注意的是，尽管这里按照物流的每项功能进行物流成本的归集，但一般仍然可以得到每项物流功能成本中各个成本项目的构成，因为按照成本费用项目进行成本的分类是最基本的成本分类方法。

**以物流功能为成本核算对象的**
**物流成本汇总信息** 表 4-1

| 成本项目 \ 功能 | | 运输 | 保管 | 装卸 | 包装 | 流通加工 | 物流信息 | 物流管理 | 合计 |
|---|---|---|---|---|---|---|---|---|---|
| 企业内部物流成本 | 材料费 | | | | | | | | |
| | 人工费 | | | | | | | | |
| | 维修费 | | | | | | | | |
| | 水电费 | | | | | | | | |
| | …… | | | | | | | | |
| | 其他 | | | | | | | | |
| 小计 | | | | | | | | | |
| 委托物流费 | | | | | | | | | |
| 合计 | | | | | | | | | |

（3）以某一服务客户作为核算对象。这种核算方式对于加强客户服务管理、制定有竞争力且有盈利性的收费价格是很有必要的。特别是对于物流服务企业来说，在为大客户提供物流服务时，应认真分别核算对各个大客户提供服务时所发生的实际成本。这有利于物流企业制定物流服务收费价格，或者为不同客户确定差别性的物流水平等提供决策依据。按客户进行物流成本核算可以得到的物流成本信息，如表 4-2 所示。

**以服务客户为成本核算对象的**
**物流成本汇总信息** 表 4-2

| 功能<br>成本项目 | | A 大客户 | B 大客户 | …… | N 大客户 | P 类中小客户 | Q 类中小客户 | 其他客户 | 合计 |
|---|---|---|---|---|---|---|---|---|---|
| 企业内部物流成本 | 材料费 | | | | | | | | |
| | 人工费 | | | | | | | | |
| | 维修费 | | | | | | | | |
| | 水电费 | | | | | | | | |
| | …… | | | | | | | | |
| | 其他 | | | | | | | | |
| 小计 | | | | | | | | | |
| 委托物流费 | | | | | | | | | |
| 合计 | | | | | | | | | |

从表 4-2 中可以看到，对于大客户，可以独立设置账户核算其发生的物流成本，以进行有效的管理，如果物流企业服务的对象还包括许多中小客户，则可以把这些客户进行分类（比如按照同类产品归类，或者按照同等服务水平要求归类），统一核算物流成本，然后按照归类的属性再将成本分摊

给这些客户，以有效地进行每个客户的成本与收费价格的管理。

（4）以某一产品为对象。这主要是指货主企业在进行物流成本核算时，以每种产品作为核算对象，计算为组织该产品的生产和销售所花费的物流成本。据此可进一步了解各产品的物流费用开支情况，以便进行重点管理。以产品为物流成本核算对象的成本汇总表可以与表4-1和表4-2类似，这里不再列出。

（5）以企业生产的某一过程为对象，如以供应、生产、销售、退货等某过程为对象进行计算。它的主要任务，是从材料采购费及企管费中抽出供应物流费，如材料采购账户中的外地运输费、企管费中的市内运杂费、原材料仓库的折旧修理费、保管人员的工资等；从基本生产车间和辅助生产车间的生产成本、制造费用以及企业管理费等账户中抽出生产物流费，如人工费部分按物流人员比例或物流工时比例确定计入，折旧费、大修费按物流固定资产占用资金比例确定计入等；从销售费用中抽出销售物流费，如销售过程中发生的运输、包装、装卸、保管、流通加工等费用和委托物流费等。这样就可以得出物流费用的总额，可使企业经营者一目了然地概观各范围（领域）物流费用的全貌，并据此进行比较分析。

（6）以某一物流部门为对象，如仓库、运输队、装配车间等部门为对象进行计算。这种核算对加强责任中心管理，开展责任成本管理方法以及对于部门的绩效考核是十分有利的。

（7）以某一地区为对象，计算在该地区组织供应和销售所花费的物流成本，据此可进一步了解各地区的物流费用开支情况，以便进行重点管理。对于销售或物流网络分布很广泛的物流企业或者产品分销企业来说，这种以地区为物流成本核算对象的成本核算就显得更加的重要，它是进行物流成本日常控制、各个地区负责人业绩考核以及其他物流系统优化决策的有效依据。以地区为核算对象的物流成本汇总信息如表 4-3 所示。从表中看出，管理者不仅可以获得每个地区的物流总成本，还可以得到物流成本按照物流功能（运输费、仓储费、配送费、流通加工费等）的构成情况。实际上，企业也可以按照每个地区物流成本的成本项目构成进行物流成本的归集。

**以地区为成本核算对象的**
**物流成本汇总信息** 表 4-3

<table>
<tr><th colspan="2">功能<br>成本项目</th><th>东北分公司</th><th>华北分公司</th><th>西北分公司</th><th>西南分公司</th><th>华南分公司</th><th>华东分公司</th><th>中南分公司</th><th>合计</th></tr>
<tr><td rowspan="8">企业内部物流成本</td><td>运输</td><td></td><td></td><td></td><td></td><td></td><td></td><td></td><td></td></tr>
<tr><td>保管</td><td></td><td></td><td></td><td></td><td></td><td></td><td></td><td></td></tr>
<tr><td>装卸</td><td></td><td></td><td></td><td></td><td></td><td></td><td></td><td></td></tr>
<tr><td>包装</td><td></td><td></td><td></td><td></td><td></td><td></td><td></td><td></td></tr>
<tr><td>流通加工</td><td></td><td></td><td></td><td></td><td></td><td></td><td></td><td></td></tr>
<tr><td>物流信息</td><td></td><td></td><td></td><td></td><td></td><td></td><td></td><td></td></tr>
<tr><td>物流管理</td><td></td><td></td><td></td><td></td><td></td><td></td><td></td><td></td></tr>
<tr><td>其他</td><td></td><td></td><td></td><td></td><td></td><td></td><td></td><td></td></tr>
<tr><td colspan="2">小计</td><td></td><td></td><td></td><td></td><td></td><td></td><td></td><td></td></tr>
<tr><td colspan="2">委托物流费</td><td></td><td></td><td></td><td></td><td></td><td></td><td></td><td></td></tr>
<tr><td colspan="2">合计</td><td></td><td></td><td></td><td></td><td></td><td></td><td></td><td></td></tr>
</table>

（8）以某一物流设备和工具为对象，如以某一运输车辆为对象进行计算。

（9）以企业全部物流活动为对象进行计算，确定企业为组织物流活动所花费的全部物流成本支出。

值得注意的是，企业在进行物流成本核算时，往往不仅仅局限于某一个成本核算对象，通过会计科目和账户的细化设置，可以从多角度对物流成本进行核算。图 4-1 表示的三维物流成本核算模式，就是要从三个角度对物流成本进行核算归类，从而得到更多角度、更详细的成本信息，满足企业管理的多方面需求。

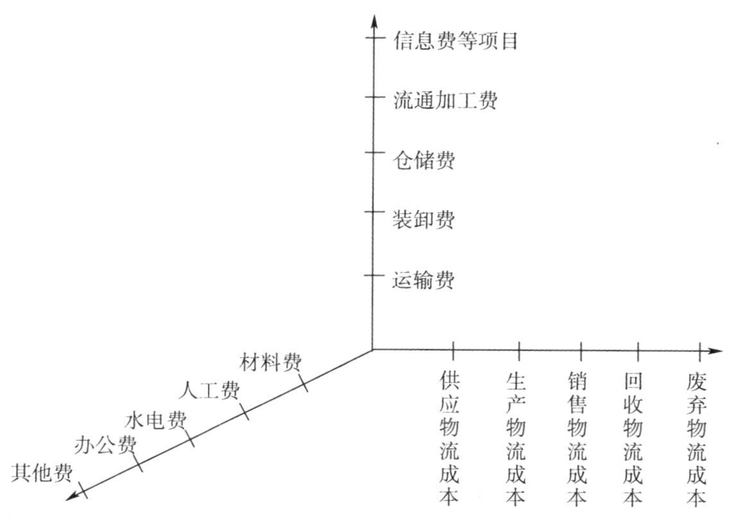


图 4-1　物流成本的三维核算模式

当然，物流成本的核算也可以是四维、五维，甚至更多维的，维数越多，物流成本信息就越详尽，当然对于会计核算来说，难度和工作量也就越大。目前，随着会计电算化工作的日益普及，使得物流成本的多维核算变得可能。企业物流成本的全面核算，往往要借助于会计信息化工作的全面开展。一般来说，企业结合自身的管理要求和实际情况，三维或四维的物流成本核算模式是比较适合的，关键在于选择什么样的维度作为成本核算的对象。

这里介绍一个有关供应链物流成本核算对象确定的案例。

某家电生产企业拥有四个产品事业部，分别是电视、冰箱、洗衣机和空调事业部。四个事业部的产品统一由销售公司销售，销售公司的销售网络遍布全国，在全国按地域有 7 个销售分公司，分别是：在沈阳设有东北销售分公司，负责东北地区的产品销售在北京设有华北销售分公司；在西安设有西北销售分公司；在重庆设有西南销售分公司；在广州设有华南销售分公司；在上海设有华东销售分公司以及在武汉的华中销售分公司。销售公司不仅要负责四类产品的销售推广和销售组织，也全面负责销售物流的组织与管理。整个企业的销售物流成本也没有进行单独的核算，包括运输费用、仓储费用、费用等在内的销售物流成本大部分都分散在企业“营业费用”账户的各个费用项目中。

目前，为了加强物流管理，适应商流与物流分离的发展趋势，企业提出把销售物流职能从销售公司中分离出来，成立单独的物流公司，由物流公司以第三方物流的形式开展公司的销售物流业务。为了更好地进行决策，公司的决策层要求财务部门提供一份目前的物流成本实际发生额信息。由于过去没有对物流成本进行单独的核算，财务人员只能统计出外包的运输和仓储业务的成本，而不能明确地提供整个销售物流成本的全面情况。于是，企业决策层以及财务人员都认识到物流成本的核算对于企业作出物流管理决策以及进行物流系统优化的重要性，准备在下一个会计期开始进行物流成本的核算。

为了更好地进行物流成本的核算，财务经理认真学习了有关物流管理和物流成本的书籍资料，他发现，物流成本一般可以按照物流范围类别（供应物流费、生产物流费和销售物流费等）、物流成本支付形式（材料费、人工费、公益费、维护费、一般经费等）或者物流的功能类别（运输费、保管费、包装费、装卸费、物流信息费等）等作为成本核算对象进行核算。

考虑到销售物流与各个事业部以及销售公司都有关系，财务经理又就物流成本的核算对象问题征求了各事业部和销售公司有关领导的意见。各事业部领导的意见基本是：事业部管理的体制应该越来越完善，因此，物流成本的核算也应该按照各个事业部作为成本核算对象，也就是说应该分别核算电视、冰箱、洗衣机和空调四类产品的物流成本，以有利于各事业部的内部利润核算以及绩效考核。而销售公司的总经理认为，为了更好地对下属销售分公司进行管理控制，物流成本的核算应该以各个分公司（地域）作为物流成本的核算对象，分别核算各区域的物流成本。而负责营业费用会计核算的会计人员则认为，由于目前的营业费用是按照人工费、材料费、折旧费、差旅费、办公费等费用项目进行核算的，因此，他建议物流成本的核算口径应该与之相对应，也就是按照费用项目来进行物流成本的核算，这样物流成本的核算才更有可操作性，否则，难度会比较大。

在这么多意见之中，财务经理一时也很难确定物流成本的核算对象和核算方式。于是，他拜访了一位物流成本管理专家，专家听了上述情况之后，向财务经理说了下面一番话："企业物流成本核算的最终目标肯定是降低物流成本，但是如何实现物流成本的降低呢？必然是通过各种管理手段来实现。物流成本核算对象的确定要根据您企业管理的要求来确定的。比如通过对各区域分公司物流成本的绩效考核来进行物流成本的控制，那么就应该按区域作为物流成本核算对象；如果您企业想完善事业部制度，加强事业部的内部利润考核，就应该以各事业部作为物流成本核算的对象；如果是要进行物流系统的完善，就最好按照物流功能（即运输、仓储、配送、装卸搬运等）作为成本核算的对象，等等。总而言之，物流成本核算对象的确定要根据企业自身的管理要求决定。确定了成本核算对象之后，物流成本核算方法的选择就简单了，您是财务专家，核算方法的选择对您来说不是难题"。

财务经理听完这番话之后，似乎明白了其中的道理，虽然一时还是不能决定到底应该如何选择成本核算对象，但是他相信，回去之后通过与公司相关人员的再次讨论以及征求管理决策层的意见之后，他一定能够设计出一套完整的物流成本核算体系。

您觉得这位财务经理应该考虑如何进行公司物流成本的核算?

### 4.1.2 供应链物流成本核算的科目设置

明确了供应链物流成本核算的对象之后，就要按照这个核算对象来设置供应链物流成本会计科目，并对这些科目进一步划分，设置明细科目。然后对其分别设置账簿，选择适当的核算方法进行核算。不同的企业在确定不同的成本核算对象后，会选择不同的物流成本科目设置。

基于前面对于供应链物流成本的划分，我们可以按照如下的方式对供应链物流成本进行会计科目设置。设置“供应链物流成本”为一级科目，在一级科目下再分别设置如表4-4所示的明细科目。

**供应链物流成本核算的会计科目设置** 表4-4

| 一级科目 | 二级科目 | 明细科目 |
|---|---|---|
| 供应链物流成本 | 订货成本 | 人工费用、管理费用和折旧费用等 |
| | 运输成本 | 人工费用、营运费用、管理费用和服务费用等 |
| | 库存持有成本 | 人工费用、折旧费用和管理费用等 |
| | 缺货成本 | — |

很多企业也按照自营物流成本和委托物流成本来对物流成本进行分类核算。例如，某制造企业核算物流成本的方法如下：为了进行物流成本核算，在会计科目设置时设立了“自营物流成本”和“委托物流成

本”两个物流费用核算的一级科目，“自营物流成本”用于核算、记录企业自身从事物流业务所发生的费用，“委托物流费”用以核算企业委托第三方从事物流业务所发生的费用。两个科目属于成本类科目，借方登记企业物流费用的增加，贷方登记计入成本对象的物流成本。两个一级科目下设置的二级、三级科目，如表 4-5 所示。

**物流成本核算会计科目设置表**　　表 4-5

| 一级科目 | 二级科目 | 三级科目 | 备注 |
|---|---|---|---|
| 自营物流成本 | 库存费 | 折旧费、人力费、管理费、维护费、保险费、税费及利息 | 重点考虑库存货物和原材料占用资金的利息 |
| | 运输费 | 卡车运输费、其他运输费、设备维修费、其他运输相关费用 | 运输相关的汽油费、修理费等，还包括汽车等运输工具的折旧费 |
| | 物流管理费 | 差旅费、交通费、会议费、交际费、培训费和其他杂费 | 专指为物流活动发生的管理费 |
| | 物流信息费 | 信息系统维护、电子和纸制信息传递费 | 核算企业为物流管理而发生的财务和信息管理费用 |
| | 包装费 | 人工成本、材料费以及机器折旧费等其他相关费用 | 核算企业自营包装业务的支出 |

续上表

| 一级科目 | 二级科目 | 三级科目 | 备注 |
|---|---|---|---|
| 委托物流成本 | 仓储费 | 核算企业对外支付的仓储费 | |
| | 运输费 | 核算企业对外支付的运输费 | |
| | 包装费 | 核算企业对外支付的包装费 | |
| | 装卸费 | 核算企业对外支付的装卸费 | |
| | 手续费 | 核算企业对外支付的物流服务费和手续费 | |
| | 管理费 | 核算企业办理委托事项发生的管理费 | |

设置了供应链物流成本核算的科目之后，就可以着手进行供应链物流成本的核算。

## 4.2 供应链物流成本的核算方式

在这里，主要有两种核算方法：会计方式和统计方式，下面将分别介绍这两种核算方式。

### 4.2.1 会计方式的供应链物流成本核算

会计方式的供应链物流成本核算，是要通过凭证、账户、报表的完整体系，对供应链物流成本耗费进行连续、系统、全面记录的计算方法。这种核算方法又可分三种具体形式：

（1）独立的供应链物流成本核算模式。这种模式要求把供应链物流成本核算与企业日常财务会计核算体系截然分开，单独建立起供应链物流成本的凭证、账户和报表体系。在独立的供应链物流成本核算模式中，先按照表4-4 或4-5 的分类进行科目设置，建立起账簿凭证，当发生与供应链相关的物流成本时，分别计入已经设置好的各个科目之中。具体做法是，对于每项物流业务，均由车间成本员或者基层核算员根据原始凭证编制物流成本记账凭证一式两份，一份连同原始凭证转交财务科，据以登记财务会计账户，另一份留基层成本员据以登记物流成本账户。

独立的成本核算模式的流程可以用图 4-2 表示。

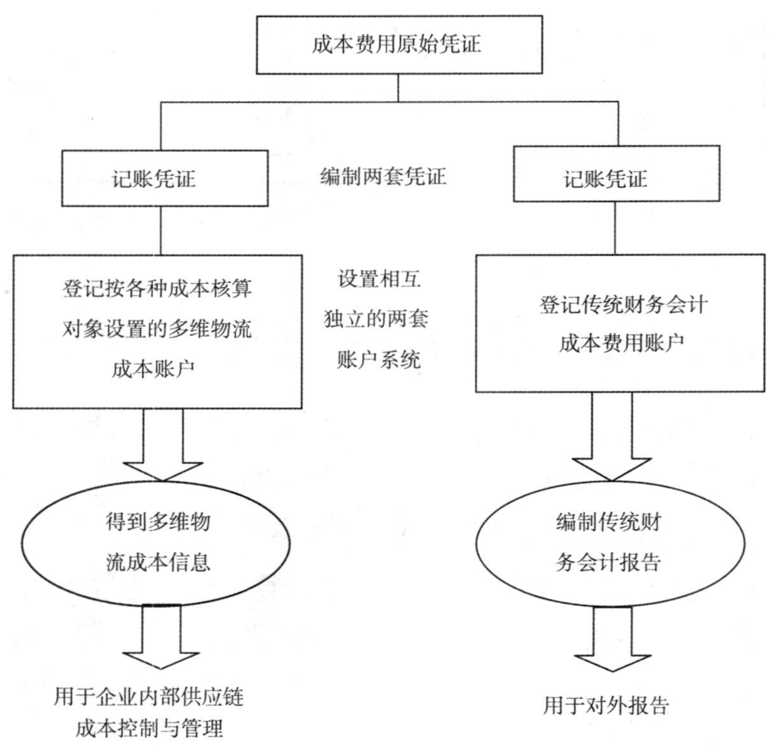


图 4-2　独立的物流成本会计核算模式

这种计算模式的优点包括：提供的成本信息比较系统、全面、连续、准确、真实；两套计算体系分别按不同要求进行，向不同的信息要求者提供各自需要的信息，对现行成本计算的干扰不大。

但这个计算模式的工作量较大，在目前财会人员数量不多，素质有限的情况下开展起来有相当难度。另外，基层核算员财务核算知识的缺乏，也会影响物流成本核算的准确性。

（2）结合财务会计体系的供应链物流成本核算模式。这种模式是把供应链物流成本核算与企业财务会计和成本核算结合起来进行，即在日常企业财务核算的基础上增设一个“供应链成本”科目，并按照供应链功能、供应链成本项目等分别设置二级、三级明细账，并且可以按费用形态设置专栏。

使用这种模式时，在会计处理上，当各项费用发生时，例如，发生属于“物流成本”中运输成本时，会计处理为：

借：供应链成本－物流成本－运输成本

　　贷：应付工资、现金等

会计期末，再将供应链成本账户归集的供应链物流成本余额按照其形成原因分摊到相应的成本费用账户中，以保证各成本费用账户余额的完整性和真实性，会计处理为：

借：管理费用/营业费用/制造费用/…

　　贷：供应链成本－物流成本－运输成本

这种模式的核算流程可以用图 4-3 表示。

这样做一方面可以保证传统财务会计核算的需要，同时也可以从账户系统中获得物流成本的信息。这种计算模式的优点：所提供的成本信息比较全面、系统、连续；由于与产品成本计算结合，从一套账表中提供

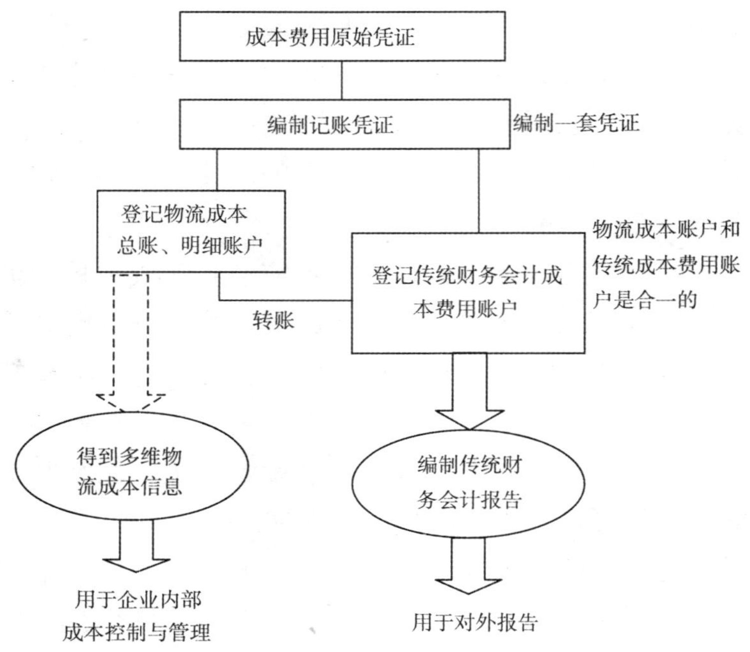


图 4-3　结合财务会计体系的物流成本核算模式

两类不同的信息，可以减少一定的工作量。

当然，这种方法也存在明显的缺点，表现在：为了实现资料数据的共享，需要对现有的产品成本计算体系进行较大的甚至是彻底的调整；为了保证产品成本计算的真实性和正确性，需要划分现实物流成本、观念物流成本（如物流利息）的界限，划分应否计入产品成本的界限，如人员素质不高则较困难；责任成本、质量成本等管理成本都要与产品成本相结合，再将物流成本也与之结合，其难度更大。

（3）供应链物流成本二级账户核算模式。这种模式是在相应的成本费用账户下设置供应链物流成本二级账户，进行独立的供应链物流成本二级核算统计。

在企业的日常财务核算体系中，在每个成本或费用的一级科目下设置“供应链物流成本”二级科目。在这个二级科目下再按照供应链职能、费用形态等设置三级账户，甚至设置专栏。例如，在“供应链物流成本”下，可以设置“运输成本”、“库存持有成本”、“订货成本”等三级科目，在各个三级科目下又可以设置“人工费用”、“材料费用”等专栏。

当发生相关的成本费用时，企业按照财务会计制度的要求编制凭证、登记账簿，进行正常的财务会计成本核算的同时，根据记账凭证上的二级科目，登记有关的供应链物流成本二级账户及其明细账，进行账外的供应链物流成本计算。

例如，当企业发生一笔电话费用时，在日常企业会计核算中属于管理费用，而在供应链成本核算体系中属于物流成本，则应作如下分录：

借：管理费用－供应链物流成本

贷：现金

另外，在账外核算供应链成本时，应作如下分录：

借：供应链成本－物流成本－订货成本

贷：现金

### 4.2.2 统计方式的供应链物流成本核算

统计方法的供应链物流成本核算，是指在不影响当前财务会计核算体系的基础上，通过对有关供应链作业活动的原始凭证和单据进行再次的归类整理，对现行成本核算资料进行解剖分析，从中抽出与供应链物流成本相关的部分，然后再按供应链管理的要求对上述费用按不同的供应链成本核算对象进行重新归类、分配、汇总，加工成供应链管理所需的成本信息。

具体说来，统计方法供应链物流成本核算的基本步骤如下：

分析材料采购、管理费用、营业费用、制造费用等账户，将其中属于供应链成本中“物流成本”的各项内容按照运输成本、库存成本、订货成本和缺货成本进行重新的归类和划分。例如，材料采购中的运输保险费用可以归入运输成本，管理费用中仓库管理人员的工资可以归入库存持有成本。统计“物流成本”的流程如图 4-4 所示。

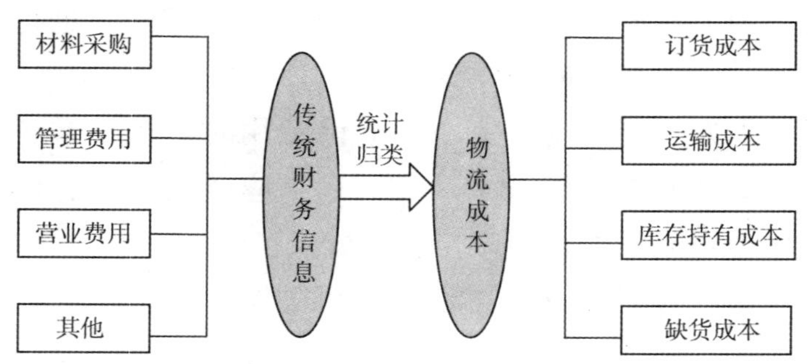


图 4-4　供应链物流成本的统计流程

与会计核算方式的供应链物流成本计算比较，由于统计方法的供应链物流成本核算没有对供应链耗费进行系统、全面、连续的计算，因此，虽然其计算较简便，但其结果的精确度受一定的影响。

## 4.3　大型钢铁联合企业物流成本核算的应用

钢铁行业是规模型产业，行业性质决定了物流周转量必定十分巨大。但我国钢铁企业物流管理水平较低，主要表现为库存大且周转慢，物流成本高、物流观念淡薄、物流专业人才短缺等。如何做好物流的组织管理工作，已经成为钢铁企业研究的中心课题之一。而物流成本的核算则是进行有效物流管理的一个基础。下面以 AB 钢铁公司为例，说明其统计方式供应物流成本核算的基本思路，生产物流成本、销售物流成本的统计核算方式与之相类似。

### 4.3.1 企业采购物流基本流程

AB 钢铁公司的供应物流包括大宗原燃料物流、材料物流和备品备件物流三大部分，由四个专业部门负责管理。大宗原燃料物流又分为国内和国外两部分，分别由原料处和国贸公司负责。

原燃料主要是指铁矿粉、炼焦煤、合金、耐火材料等，还包括球团矿、烧结矿等炼铁熟料，以及冶金焦、生铁、钢坯等中间产品。

国贸公司负责进口矿粉、矿石等原燃料，与供货商结算有 FOB 价和 CIF 价两种结算方式。采用 FOB 价结算方式，离岸后委托货运公司的货轮运输到我国相应口岸，青岛港、日照港、烟台港、岚山港等是 AB 钢铁公司相对固定的进口港。进口原燃料到达港口后，即组织铁路运输或公路运输到厂，如果不能及时倒运，则由港口负责仓储。铁路运输依靠向铁路局申请运力资源，公路运输力量主要是鲍德汽运公司（AB 钢铁公司子公司）和受托的第三方物流公司（只承担运输业务的功能性物流公司）。

原料处负责国内大宗原燃料的采购任务，与供应商的结算包括两种基本的方式，一是到厂价结算（厂即 AB 钢铁公司），二是离厂价结算（厂即供应商），运输方式分为铁路运输和公路运输。在铁路运输方式下，到厂价的交货点是指济南历城站，供应商承担交货之前的全部物流费用；在汽车运输方式，则以相应料场或仓库为交货点。离厂价结算的方式下，无论是公路运输，还是铁路运输，AB 钢铁公司都要承担物资离开供应商货场后的运输费、装卸费等物流成本。无论是哪种结算方式，铁路运输到达历城站后，首先由历城站运转机车牵引至工厂站（铁路局线路与 AB 钢铁公司专用线交界处），然后换挂由 AB 钢铁公司运输部（负责厂区及专用线上火车运输的内部独立核算单位）管理的自备机车，运输至料场或仓库。原燃料的仓储管理由原料处、生产部和多个二级分厂分别负责管理。具体分工是，合金、耐火材料等仓库由原料处管理，生铁库由生产部管理，其他大宗原燃料则由各分厂按专业分工分别管理，如炼焦煤的仓储管理由焦化厂负责，进口粗粉的仓储由原料厂负责，进口精粉由球团厂负责，外购球团矿由炼铁厂负责，等等。如果厂区料场、仓库无法容纳，或物流组织的需要，外购原燃料也会安排在外部料场临时存放，待生产需要时，再倒运进入生产料场。图 4-5 简要描述了 AB 钢铁公司大宗原燃料供应的基本流程。

材料处负责生产管理消耗材料的采购工作，主要包括木材、金属、水泥、油类等近 40 个大类。材料供应商相对固定，优质优价结算，结算方式基本上均为到厂价。外购材料汽车运输方式居多，铁路运输较少。生产材料按类别存储，全部采用一级库存管理，共设有 17 个一级仓库，负责材料的保管、供应工作。材料

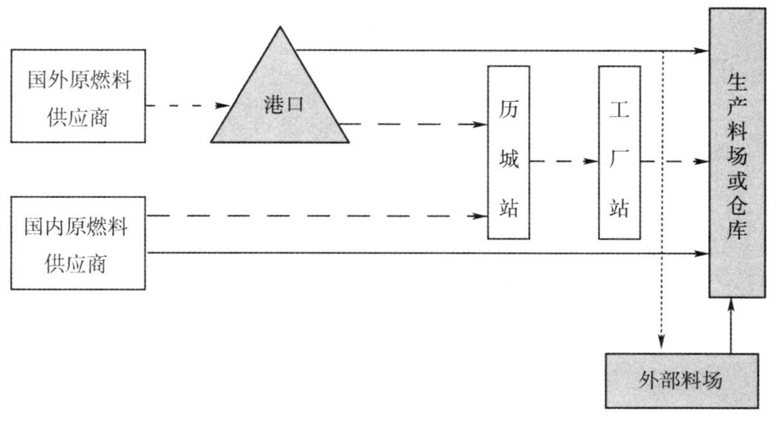


图 4-5 AB 钢铁公司原燃料供应流程图

- - - ➤海运； — — ➤铁路运输； ——➤公路运输；阴影处表示库存

物流的特点是种类繁多，达 9000 余种；各类材料差异大，管理难度高。

装备部负责备件的采购工作。备件是用于生产过程中的固定资产设备因维修或事故需更换的零部件，或者在设备检修中，为了缩短检修时间，用以恢复设备精度和功能而预先准备供检修更换的零部件称之为备件。包括日常维修备件、大中修备件、技措备件、基建备件等。备件采购基本是汽车运输方式。装备部设有备件总库、中板库、小型库等仓储设施，负责外购备件的仓储和供应业务。备件物流的特点是体积小、价值大，对运输、搬运、库存的要求很高。如电子产品的备件一般为电子元器件，产品附加值高，尤其是一些核心部件，价值更是不菲。而电子元器件对防火、防水、防尘、防静电等库存和运输包装的要求极高。在备件采购业务中，装备部完善供方动态管理机制，强化零库存或定点采购管理力度，实现了供应商管理库存的目的，即备品配件根据生产需要量直接由供应商送货，实现了供应商仓库到生产现场的迅捷流程，目前以此种方式实现备件采购量达40%。

### 4.3.2 与物流成本相关的核算现状及存在问题

按照《企业会计制度》和《企业会计准则》的要求，物流成本不单独进行核算。现行的会计核算体系，使在采购、生产和销售等环节发生的物流成本都“湮没”在多个相关的会计科目中，如材料采购、生产成本、制造费用、管理费用、销售费用等。

（1）与物流成本相关的核算现状

①国内采购物流环节

采用到厂价结算的方式下，到厂前的运输费、装卸费等物流成本均由供应商承担，购买方没有相关的原始单据，结算凭证不反映相关物流成本的信息。下面的一笔业务就是在到厂价结算方式下，会计信息的反映：

200×年10月份原料处采购球团厂用皂土业务，会计分录：

借：材料采购－球团厂－皂土　165.637　46906.05
　　应交税金－应交增值税－进项税　6097.79
　　贷：应付账款－××公司　53003.84

结算凭证后附件5份，分别为验收入库单、结算单、增值税发票、发货通知单、检验报告单。凭证和所附单据能够反映的物流信息包括：品种、数量、采购金额、时间、流向，但是不包括到厂前此笔采购业务的物流成本情况。

采用离厂价结算的方式下，采购业务发生的物流成本由AB钢铁公司承担，通过相关的原始单据和结算凭证可以反映出采购物流成本相关的信息。下面的一笔业务就是在离厂价结算方式下，会计信息的反映。

200×年10月份原料处一笔国内精粉的采购业务，会计分录如下：

借：材料采购－原料厂－国内精粉　706.69　441541.39
　　材料采购－原料厂－国内精粉（运杂费）118299.91
　　应交税金－应交增值税－进项税　57400.36
　　应交税金－应交增值税－运费进项税　8904.29
　　贷：应付账款－××公司　626145.95

结算凭证后附件6份，分别为验收入库单、结算单、增值税发票、发货通知单、检验报告单、运输发票。凭证和所附单据能够反映的物流信息要素包括：品种、数量、采购金额、运费、其他物流杂费、时间、流向。可见在离厂价结算方式下，一笔采购业务从供应商到工厂的物流成本能够得到具体的反映，而在到厂价结算方式下，则不能取得相关的物流成本信息。

公路运输方式下，采购物资在抵达料场或仓库之前，除了运费以外，一般不再发生其他物流费用。铁路运输与公路运输则有所不同，铁路局机车牵引货车至历城站后，改由历城站机车牵引到工厂站，由厂区排空或排重的车辆同样由历城站机车从工厂站牵引回到路局线。历城站收取因取送车作业而发生的取送车费，取送车费由运输部承担，计入“制造费用”科目。工厂站到料厂或仓库则由运输部的机车牵引，运输部按照内部结算价格向相关单位收取运输费，二级生产单位发生的运输费用列入“制造费用－运输费”科目，原料处计入“管理费用－运输费”科目，生产部计入“制造费用－运输费”科目。在这项作业中，因为采用内部运输价格结算，所以在运输部会计报表上会体现内部利润或亏损。铁路局车辆进入厂区后，因卸装车不及时或其他原因，停留时间超过铁路局规定标准，就会因超时而发生停车延时费，该项费用由股份成本科集中支付，计入“制造费用－运输费”科目。

由于供应能力滞后于生产环节的迅速扩张或冬季备料的需要，致使厂区内料场无法满足需要，而在厂区附近租用外部料场，发生的相关物流成本由生产部承担，计入“制造费用－运输费”科目。

原燃料在料场或仓库发生的卸车费用及内部整理倒运费用，生产单位计入“制造费用－运输费”，原料处仓库计入“管理费用－运输费”科目。

因仓储管理而发生的人工费、材料费、维修费等，生产单位计入“制造费用”或“生产成本”科目，原料处计入“管理费用”科目。仓储过程中原燃料发生的亏吨损失，作为生产消耗直接计入“生产成本”科目。

材料采购和备件采购的会计处理与原燃料采购基本相同，不再赘述。

②国外采购物流环节

相关物流成本主要包括船运费、保险费、港口费、报关费、报验费、商检费等及港口至工厂之间的运费。报验费和商检费先通过“预提费用”科目核算，再摊销计入“物资采购”。港口至工厂之间的运费核算与国内原燃料采购基本相同。船运费、保险费、港口费等的会计核算按船归集相关的费用，计入“物资采购－××船”。会计分录如下：

借：物资采购－××船

物资采购－××船－××矿（船运费）

物资采购－××船－××矿（保险费）

……

贷：应付账款

③生产物流环节

物流成本主要是厂内物料倒运而发生的运输费、装卸费，物料存储发生的存储费用、管理费用等，这些耗费都被作为生产费用分别计入“生产成本”或“制造费用”科目进行归集。在销售物流环节，与物流相关的成本费用主要包括装吊车费、运费、仓储费、代理费等，反映在“销售费用”科目中。

（2）物流成本会计核算中存在的问题

①物流成本信息反映的迟延性。所谓迟延性是指物流成本信息不能在物流作业发生的期间及时反馈到财务部门。通过下面的两个例子可以清楚地说明这个现象。例1，在2003年9月份发生一项外委装卸作业，装卸费用的支付却发生在2005年，也就是说，在会计系统中，此项物流成本信息滞后了两年才得以反映。例2，委托某运输单位承担2004年由外部料场到生产现场的矿粉倒运业务，倒运作业从一月份开始发生，但是运输费用在年底一票结清。以上两笔业务，在具体业务部门可能会有及时记录，但会计系统的反映却大大滞后了。单纯从会计的角度讲，可以通过“预提费用”科目进行提前的反映，做到与实际业务匹配。

但是，由于财务部门与业务部门信息不完全对称，同时，一些物流作业具有偶发性，发生金额相对较小，不能引起会计人员的重视。

②物流成本信息分散。由于组织机构设置和职能分工的原因，一条物流成本信息被分割成几个部分，成本信息不集中，难以把握物流成本的全貌。也就是说，目前会计系统反映的是符合分口管理需要的职能成本，而不是符合物流管理需要的任务成本。任务成本也就是一项物流活动所发生的相关费用，即物流成本。以一笔原燃料的采购为例，原料处采购炼焦煤5000 吨，运输方式为火车运输。供货地至历城站之间发生的运输费、装卸费等物流成本记录在原料处结算财务的“材料采购”科目中；从历城站到焦化厂炼焦煤料场发生的运输费用及取送车费用记录在运输部的“生产成本”科目中；运抵炼焦煤料场后，发生的卸车费、仓储费等记录在焦化厂“制造费用”科目中，仓储损失直接计入生产消耗，计入在“生产成本”科目中。上述流程解析显示，炼焦煤的采购物流成本信息分散在三个部门，三个一级科目中，成本信息散乱。图 4-6 描述了职能成本与任务成本的关系。

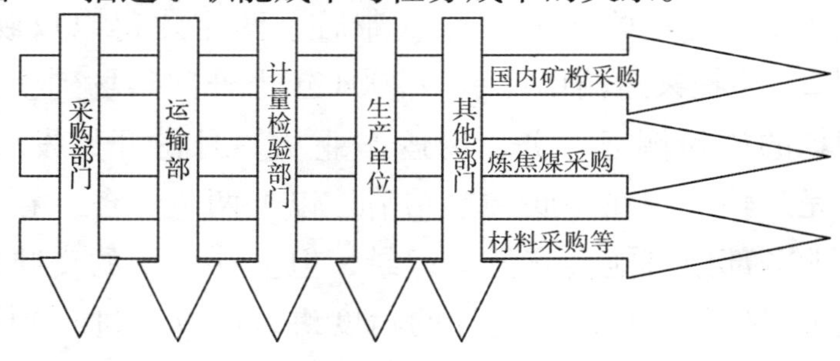


图 4-6　职能成本与任务成本的关系

③物流成本信息粗线条反映。在现行会计体系下，“制造费用”和“管理费用”科目下一般都会设置“运输费”作为二级科目。按照科目设置，“运输费”应该核算的是分厂和基本生产车间应负担的厂内运输部门和厂外运输单位所提供运输劳务的费用。在实际业务中，“运输费”核算的内容极其广泛，包括了运输费、装卸费、人工费、租赁费等等，凡是与运输作业相关的费用全部计入，各项职能的物流成本混在一起，不利于物流成本的分析。

物流成本信息的粗线条还表现在，同一个会计凭证反映多项物流作业，各项物流成本简单相加，增加了物流成本的隐含性，不利于物流成本的核算和分析。

④高比例的到厂价结算方式，掩盖了供应物流成本的真实性。AB 钢铁公司原燃料采购 30%，材料采购的 80%，备件采购的 70%，均采用到厂价结算的方式。到厂价结算虽然简化了结算手续，但是给人一种假象，即到厂前的物流费用是由供应商承担的。实际上，到厂前的运输、存储、装卸等物流费用已包含在了结算价格中，与货物价值结合在了一起，最终的承担者仍是采购方。从物流成本管理的角度看，到厂价结算方式使供应物流成本的一部分失去控制，成为彻底的“黑暗大陆”。

### 4.3.3 物流成本核算办法设计思路

按照《企业会计制度》和《企业会计准则》的要求，物流成本没有单独进行核算。企业现行的会计核算体系，使在采购、生产和销售等环节发生的物流成本都“湮没”在多个相关的会计科目中，如材料采购、生产成本、制造费用、管理费用、销售费用等。

AB钢铁公司供应物流成本的核算设计以物流成本的相关理论为指导，适应物流管理的需要为目的，从管理会计的角度，采用统计的方法，以AB钢铁公司供应物流为模板，按照采购业务的作业流程分步确定费用，按采购类别（职能部门）归集物流成本。

目前，我国还未就物流成本的核算标准做出有关规定，相关的文献资料也没有统一的定论。以物流成本为对象的研究，也多以“物流冰山说”、效益背反理论、物流作业成本理论，以及美国和日本的核算方法等为指导展开，作为一门较新的研究学科，理论上和实践上都有待逐步完善。AB钢铁公司供应物流成本核算体系参考了相关的理论研究，并加以借鉴。

核算体系以会计信息系统资料为主，物流相关业务部门的台账、报表等生产经营数据资料为辅，借助统计的方法展开。从目前的企业财务管理看，把物流成本核算纳入到会计核算体系中，还有诸多的困难，而统计方法作为一种灵活的方法，能够满足当前物流管理的迫切需求。通过统计方式的物流成本核算，有助于加深我们对钢铁企业物流成本的认识，为将来推行会计方式的物流成本核算或会计与统计结合的物流成本核算方式，甚至其他更好的核算方法做探索性的准备工作。

从订货业务开始，直到采购物资入库储存，是供应物流的全过程。它包括了订货、运输、仓储、装卸等作业过程，每一个过程都有与之对应的物流费用发生，也就是供应物流的成本项目。AB钢铁公司的物资采购工作实行归口管理，包括原料处、材料处、装备部和国贸公司。各口分管的供应物流在形态、类别、作业等方面各有自身特点，因此供应物流成本费用的发生额，以这四个部门为中心进行归集。

因此，该企业供应物流成本的核算设计采用统计的方式，以这四个部门为成本统计核算对象，分别设计切合管理需要的成本项目来进行物流成本的归集核算。

### 4.3.4 国内原燃料供应物流成本的核算

国内大宗原燃料的采购由原料处负责，采购结算方式分为到厂价和离厂价两种。从供应物流成本核算的角度看，两种结算方式的区别是，到厂价结算方式下，到厂前的物流费用包含在了货价当中，其他环节发生的物流成本费用与离厂价相同，所以把这部分费用单列一项核算。下面以采用离厂价格结算的原燃料采购为对象，分析采购过程中的物流成本的核算。

(1) 订货采购费，是采购部门为了完成采购任务，取得订货合同而发生的相关费用。具体包括采购人员工资及福利费用，因采购业务而耗用的办公用品，发生的邮电费、通讯费、印刷费等，以及采购人员为完成采购业务而发生的差旅费用。在会计信息系统中，由于原燃料采购而发生的费用都计入“管理费用”科目。比如，应付采购人员工资费用，借记“管理费用－原料处－工资”，贷记“应付工资”；因采购业务而发生的印刷费，借记“管理费用－原料处－办公费”，贷记“待摊费用”。但是，原料处作为一个管理职能部门，并非所有的人员都参与采购业务，除了按采购种类分设的燃料部、炉料部、太原办等采购科室外，还要设立管理部、审检部、办公室等部门满足业务管理的需要，因此“管理费用－原料处－工资”科目的发生额不能直接作为订货采购费用核算，而应把采购人员与其他管理人员的工资费用加以区分后计入。办公费用的计算与工资费用相同。“差旅费”科目核算的基本上为采购人员发生的往返路费、住宿费等订货费用，因此可以直接计入。

通过对“管理费用”科目的分析，可以计算取得订货采购费用发生额，但是工资费用和办公费需要划分为订货采购费用和非订货采购费用两部分。工资费用的发生额与采购人员相关，所以工资费用可以按采购员工清单直接从“应付工资”和“应付福利费”中分离出来，也可以按采购人员数量与平均工资费率的乘积来确认。办公费与业务量相关，但实际工作中很难取得相关数据，因此办公费可以经验比例确认或以已确认的订货采购费（工资费用和差旅费之和）占管理费用总额的比例确认。

$$工资费用=采购员人数\times平均工资费用率$$

$$办公费用=办公费\times经验比例$$

$$或办公费用=办公费\times(工资费用+差旅费)/管理费用$$

$$订货采购费用S_1=工资费用+差旅费+办公费用$$

$$C_{1i}=(S_1/采购总量)\times第i种原燃料采购量$$

式中：$S_k$——供应物流成本项目（$k=1, 2, 3, \cdots, 14$；下同）；

$C_{1i}$——第 $i$ 种原燃料承担的订货采购费用（$i=1, 2, 3, \cdots, n$；下同）。

（2）运输费：即签订了供货合同之后，运输商将物资由供应商料场或仓库运输到工厂发生的费用。公路运输方式下，运输费用结算相对简单，承运商会向AB钢铁公司开具运输业统一发票，收取运费。采购结算部门，按票面金额扣除7%的可抵扣增值税税金后，记入“材料采购－××单位－××原燃料”科目。在铁路运输方式下结算相对复杂。运输费大体可分为两大部分，一部分是铁路货票费用，另一部分是其他杂费项目。其中铁路货票是由铁路部门开具的运输发票，其收费项目主要包括运费、铁建基金、印花税、取送车费、保价费、分流费、电化费、中转作业费、电子衡检费等。其他杂费项目则是由相关的铁路服务部门收取的计量费、铁路联防费、装车费、服务费等。按照税法的要求，铁路货票中运费和铁建基金二者合计的7%可作为增值税进项税额抵扣。火车运输方式下发生的运杂费用做了相应的扣除后，余额计入“材料采购－××单位－××原燃料”科目。铁路服务部门收取的计量费、装卸费等杂费，属于铁路运费的辅助组成，应作为运输费的一部分，从企业角度核算物流成本，无需将其细分。举例如下：

借：材料采购－原料厂－国内精粉　706.69　441541.39
　　材料采购－原料厂－国内精粉（运杂费）118299.91
　　应交税金－应交增值税－进项税　57400.36
　　应交税金－应交增值税－运费进项税　8904.29
　　贷：应付账款－××公司　626145.95

由上面的实务分录可以看到，原燃料采购结算时，发生的运输费是单独列示的，而且可以具体到某一种原燃料发生了多少运输费，因此运输费可以直接从会计资料中，通过明细科目汇总的方式获取。公式如下：

$$运输费\ S_2 = \sum_{i=1}^{n} C_{2i}\ (i=1, 2, 3, \cdots, n)$$

（3）取送车费和停车延时费：这两项费用仅在铁路运输方式下发生。取送车费由历城站收取，费用承担对象是运输部。取送车费的收取标准是每车6元/公里，历城站到AB钢铁公司工厂站2.5公里，往返5公里，那么外购原燃料进厂一节车卸车后排空，发生的30元的取送车费就应由供应物流环节承担。但是，如果卸车后再装车发货即排重，那么就应由销售物流应承担50%的费用。从作业成本角度看，该项作业的成本动因是取送车的数量，成本动因分配率30元/车或15元/车，只要确定了进厂原燃料的车数，及相应的排空数，也就能够确定其应承担的取送车费用。停车延时费是因占用铁路局车辆超时，而向铁路部门交纳的资源占用费。停车延时费按超过规定停时数及相应的车辆数计算。计算第$i$种原燃料应承担的取送车费和停车延时费时，可按平均费率计算。

取送车费 $S_3$ = 原燃料进厂车排空数 × 30 +
原燃料进厂车排重数 × 15

平均取送车费率 = $S_3$ /原燃料进厂车数

$C_{3i}$ = 平均取送车费率 × 第$i$种原燃料进厂车数

$$S_4 = \sum_{t=1}^{n} x_t y_t$$

式中：$x_t$ ——在$y_t$收费区间的车数；

$y_t$ ——第$t$种超时收费率。

平均延时费率 = $S_4$ /原燃料进厂车数

$C_{4i}$ =平均延时费率×第 $i$ 种原燃料进厂车数

注：原燃料进厂车数及对应的排空数和排重数由计质量系统提供。

超时车数由生产部运输管理部门台账提供。

（4）进厂火车运费：运输部机车承担自工厂站到料场或仓库的运输任务，按照内部结算价格向相关的受益单位收取运费，即进厂火车运费。在会计核算系统中，运输部是一个内部的利润中心，它按照内部结算价格收取运费，按实际耗费归集生产费用，形成内部利润。从物流成本核算的角度看，运输部应视为一个运输车间，仅是一个成本费用中心，发生的费用均应计入物流成本。运输部按月根据各单位发生的运输量收取运费，计算公式为：

运输费=货运量×里程数×运价

在上式中，里程数是核定的平均数，运价是财务部门制定的内部价格，只有货运量是个变数。因此，只要确定了货运量，运费也就确定了，而货运量也就是各种原燃料的采购量。但是按照该公式计算的运输费还不能直接计入物流成本，因为它还包含着运输部的内部利润，因此需把运输费还原为实际的生产费用。计算公式为：

进厂火车运费 $S_5$ =运输费×（1－运输部利润率）

结合上述两个公式，得出

进厂火车运费 $S_5$ =（货运量×里程数×运价）×（1－运输部利润率）

进厂火车费率 $=S_5$ /货运量=里程数×运价×（1－运输部利润率）

$C_{5i}$ =第 $i$ 种原燃料货运量×进厂火车费率

（5）计量费和检验费：采购物资运抵后，卸车前要经计量处计量，出具相关的计量数据，并由质检中心进行抽样检验，出具检验结果。发生的相关计量费用和检验费用向相关的受益单位收取。计量费按吨收取，检验费按检验批次收取。由于计量处和质检中心既负责采购物资的计量和检验，同时承担生产和销售各环节的计量检验工作，发生的费用一并混同，无法分清发生在采购环节的计量和检验费用，所以考虑按平均费率的方式计算。公式如下：

平均计量费率=计量处管理费总额/计量总量

计量费 $S_6$ =平均计量费率×原燃料采购量

$C_{6i}$ =平均计量费率×第 $i$ 种原燃料采购量

平均检验费率=质检中心管理费总额/检验批次总数

检验费 $S_7$ =平均检验费率×原燃料检验批次数

$C_{7i}$ =平均检验费率×第 $i$ 种原燃料检验批次数。

注：检验批次数由质检中心检验台账提供。

（6）在途损耗成本：AB 钢铁公司原燃料的采购结算均以 AB 钢铁公司核定数量为准。外购原燃料结算过程中包括实收量和结算量，实收量是计量部门计量的实际重量，结算量则是以实收量为基础考虑质量水平、自然损耗、水分、磅差等后，计算出来的数量。结算量是实际支付采购款项的数量，也是入库的数量。

实际工作中，每类采购物资的每笔结算业务都不尽相同，逐笔统计工作量异常大。可以考虑根据历史数据，建立各类原燃料在途损耗率估算模型，在估算基础上，组织有关专业人员修正差异，建立原燃料的在途损耗标准数据。计算某种原燃料在途损耗成本，可直接套用相关的标准损耗率。计算公式如下：

$$S_8 = \sum_{i=1}^{n} C_{8i} = \sum_{i=1}^{n} F_i \cdot \lambda_i$$

式中：$F_i$ ——第 $i$ 种原燃料的采购金额；

$\lambda_i$ ——第 $i$ 种原燃料的在途损耗率。

（7）卸车费：采购物资经计量检验后，符合 AB 钢铁公司质量检验标准，供需双方对计量检验数据没有异议的，才被准许卸车。卸车作业可以分为自卸和外委两种情况，自卸即卸货岗位员工利用企业自有卸车设备进行卸货，外委则是指由原燃料管理部门委托外部单位采用人工或机械作业方式进行的卸货作业。无论是自卸还是外委，因卸车发生的费用均由相应的原燃料管理部门承担。外委费用比较明确，即实际支付给受托单位的款项（无论是以劳务费还是以租赁费的形式）；自卸费用因为属于内部费用，与其他生产消耗共同计入各项费用，确定起来有些难度。自卸费用从支付形态上包括工资费用、设备折旧费、设备维护费等，其中设备维护费具体包括备品备件费用、机电及仪表费用、日常维修费用等。

工资费用可以按照岗位员工清单直接从“应付工资”和“应付福利费”中分离出来，也可以按卸车岗位人数乘以平均的工资费用率计算。设备折旧费按卸车设备原值乘以 10% 的综合折旧率确定。设备维护费与设备作业量直接相关，但是原燃料管理部门（如：焦化厂、球团厂等生产单位）还同时拥有生产设备、运输设备及其他生产设施，这些生产设施的维护费用也同样归集在备品备件、机电及仪表费用和日常维修费用中，而且不同生产设施作业对象不同，作业量的统计数据也不完整，很难以作业量确认维护费用。考虑卸车设备与其他生产设施都按固定资产管理，而且维护费用与固定资产原值存在一定相关关系，因此维护费用的确认可按卸车设备原值占固定资产原值的比例来分摊卸车设备应承担的维护费用。

在实际生产过程中，卸车设备可能同时还承担着装车作业的任务。在无异常变动的情况下，同一个料场进出物流量是相同的，因此卸车费用可按 50% 计算（表 4-6）。

**卸 车 费 计 算 表**　　　　表 4-6

<table>
<tr><th colspan="2">项目</th><th>分配标准</th><th>计 算 方 法</th></tr>
<tr><td rowspan="3">自卸费用</td><td>人工费</td><td>人数</td><td>在岗人数 × 平均工资费率</td></tr>
<tr><td>设备折旧费</td><td>折旧率</td><td>卸车设备原值 × 折旧率 10%</td></tr>
<tr><td>设备维护费</td><td>设备原值比率</td><td>设备原值比 = 卸车设备原值/固定资产原值总额<br>维护费 = 设备原值比 ×（备品备件费 + 机电仪表 + 日常修理费）</td></tr>
<tr><td colspan="2">外委费用</td><td></td><td>支付价款</td></tr>
<tr><td colspan="4">卸车费$S_9$ =（自卸费用 + 外委费用）×50%<br>$C_{9i}$ = $S_9$ /卸货量 × 第 $i$ 种原燃料的卸货量</td></tr>
</table>

（8）仓储费：原燃料存储过程中发生的成本费用，按支付形态包括料场或仓库管理人员的人工费、仓储设备及建筑物折旧费、仓储设备及建筑物维护费等。

各项费用的核算参考卸车费用中相关费用的核算方法如表 4-7 所示。

**仓储费计算表** 表 4-7

| 项目 | 分配标准 | 计算方法 |
|---|---|---|
| 人工费 | 人数 | 在岗人数×平均工资费率 |
| 折旧费 | 10%折旧率 | 仓储设备及库房原值×10% |
| 维护费 | 固定资产原值比率 | 原值比=仓储使用固定资产原值/全部固定资产原值总额<br>维护费=原值比×（备品备件费+机电仪表+日常修理费） |
| 仓储费 $S_{10}$ =人工费+折旧费+维护费<br>仓储费率= $S_{10}$ /（仓储面积×360）<br>$C_{10i}$ =第 $i$ 种原燃料的平均占用面积×占用天数×仓储费率<br>注：占用面积及占有天数由仓储管理台账提供 | | |

（9）倒运费用：外购原燃料到货后，可能不直接进入厂内生产料场或仓库卸货，而是在租用的外部料场或仓库卸货。出现临时租用的情况主要原因：一是厂内生产料场或仓库容积有限，而原燃料通常情况下是集中进货，容易造成瞬时满仓的情况，为了避免造成物流阻塞，必须及时疏导；二是为了冬季备料的需求，提前大批量进货；三是钢铁生产工艺前后规模不均衡，炼铁炼钢工序产能迅速扩大，原燃料需求量剧增，而前部的原燃料供给能力没有随之扩充，造成前窄后宽的现象，成为生产组织的瓶颈。

外部料场或仓库的出租方承担物料的储存、装卸和向厂内倒运的一体化服务，一般均采用包干价，按倒运量结算，不再单独区分储存费、装卸费和运输费。倒运费的计算公式如下：

$$倒运费用\ S_{11} = \sum_{i=1}^{n} C_{11i} = \sum_{i=1}^{n} dy_i \cdot p$$

式中：$dy_i$ ——第 $i$ 种原燃料的倒运量；

$p$ ——吨包干价格。

（10）存储物资的损失：钢铁企业原燃料存储过程中，可能会发生两类损失。一是量的损失，原因是大宗原燃料多露天堆放，容易受风吹、雨淋等环境因素的影响，造成存货的数量减少。二是质的损失，有些原燃料在储运过程中发生质量损失，如烧结矿、冶金焦等原燃料由于装卸、打堆操作不规范或移动次数过多，容易造成筛分指数上升，质量下降。

无论是量的损失，还是质的损失，会计系统都未予以明确反映。大宗原燃料的盘点采用实地盘存制，存储过程中的损耗作为生产耗用，直接计入了生产成本。而存储过程中发生的质损，则间接反映为原燃料生产消耗的增加，增加了生产成本。大宗原燃料的性质决定了不可能将库存物资再次过磅，库存量只能靠估算，发生的质损也不可能精确计量。所以，可采用专家估计法，通过确定存储物资的质量损失率计算相关的费用。

$$存储物资损失\ S_{12} = \sum_{i=1}^{n} C_{12i} = \sum_{i=1}^{n} kc_i \cdot \theta_i$$

式中：$kc_i$ ——第 $i$ 种原燃料的平均库存量；

$\theta_i$ ——第 $i$ 种原燃料的质量损失率。

（11）物料占用成本：反映了因存货占用资金而

发生的机会成本。在核算物流成本时把资金的机会成本包括在其中，目的是把降低物流成本和加速资金周转速度从根本利益上统一起来。

$$物料占用成本\ S_{13} = \sum_{i=1}^{n} C_{13i} = \sum_{i=1}^{n} kc_i \cdot r$$

式中：$r$——企业的平均投资报酬率。

（12）他方垫付的物流成本：是指在到厂价结算方式下，由供应商至工厂发生的物流费用，主要是运输费用。虽然这部分运输费用没有直接反映出来，但实际上包含在了货物价款中，最终的承担者是 AB 钢铁公司，所以应把这部分费用列入供应物流成本核算。他方垫付的物流成本主要与供应商的发货地相关，按照火车运输和汽车运输方式不同，单位运价不同，乘以相应的供应数量即可确定运输费用。

$$他方垫付的物流成本\ S_{14} = \sum_{i=1}^{n} C_{14i}$$

式中：$C_{14i} = \sum_{m=1}^{n} sl_m \alpha_m$；

$sl_m$——第 $i$ 种原燃料的 $m$ 供应商的供应量；

$\alpha_m$——$m$ 供应商吨原燃料运输费。

（13）国内原燃料供应物流成本计算：通过对国内原燃料采购的物流过程，及相关物流费用的分析，根据数据资料的可得性，确定了 14 项供应物流成本项目，基本上涵盖了原燃料供应物流环节的物流成本，如表 4-8 所示。

$$国内原燃料供应物流成本总额 = \sum_{k=1}^{14} S_k = \sum_{\substack{k=1\\ i=1}}^{\substack{k=14\\ i=n}} C_{ki}$$

**国内原燃料供应物流成本项目设计及统计核算方法** 表 4-8

| 物流成本项目 | 代码 | 数据源 | | 计算方法 | 某类材料的物流成本的计算 |
|---|---|---|---|---|---|
| | | 部门 | 信息要素 | | |
| 采购订货费 | $S_1$ | 机关财务科 | 管理费用－差旅费<br>管理费用－人工费 | 按采购人员名单汇总 | 按专职人员名单汇总 |
| 运输费 | $S_2$ | 材料处财务 | 材料采购 | 按科目汇总 | 按明细科目汇总 |
| 取送车费 | $S_3$ | 运输部财务科 | 制造费用－运输费 | $S_3$ = 材料进厂车排空数×30 + 材料进厂车排重数×15<br>平均取送车费率 = S3/材料进厂车数 | $C_i$ = 平均取送车费率×某类材料进厂车数 |
| | | 计质量系统 | 进厂车数 | | |
| 停车延时费 | $S_4$ | 股份成本科 | 制造费用－运输费 | $S_4 = \sum_{i=1}^{n} x_i y_i$<br>平均延时费率 = $S_4$/材料进厂车数 | $C_i$ = 平均延时费率×某类材料进厂车数 |
| | | 计质量系统 | 进厂车数 | | |
| 进厂火车运费 | $S_5$ | 运输部财务科 | 内部利润率 | $S_5$ =（材料货物量×里程数×运价）×（1－运输部利润率）<br>进厂火车费率 = $S_5$/货运量 | $C_i$ = 某类材料进厂量×进厂火车费率 |
| | | 计质量系统 | 货运量 | | |

续上表

| 物流成本项目 | 代码 | 数据源 | | 计算方法 | 某类材料的物流成本的计算 |
|---|---|---|---|---|---|
| | | 部门 | 信息要素 | | |
| 计量费用 | $S_6$ | 技术中心财务科 | 管理费用 | 平均计量费率=计量处管理费总额/计量总量<br>$S_6$ =平均计量费率×材料量 | $C_i$ =平均计量费率×该类材料采购量 |
| | | 计质量系统 | 货运量 | | |
| 检验费用 | $S_7$ | 技术中心财务科 | 管理费用 | 平均检验费率=质检中心管理费总额/检验批次总数<br>$S_7$ =平均检验费率×材料检验批次数 | $C_i$ =平均检验费率×该类材料检验批次数 |
| | | 计质量系统 | 货运量 | | |
| 在途损耗成本 | $S_8$ | 材料处财务科 | 采购数量入库数量 | $F_i$ 表示第 $i$ 种原燃料的采购金额<br>$\lambda_i$ 表示第 $i$ 种原燃料的在途损耗率 | $C_i$ =采购金额×该种原燃料的在途损耗率 |
| 卸车费 | $S_9$ | 机关财务科 | 管理费用、应付工资等 | 外委费用直接取得，自行装卸费用包括人工费、设备折旧费、设备维护费、材料费等需分配获取 | $C_i$ =某类材料采购量×单位卸车费 |
| | | 人力资源部门 | 岗位人员 | | |

续上表

| 物流成本项目 | 代码 | 数据源 | | 计算方法 | 某类材料的物流成本的计算 |
|---|---|---|---|---|---|
| | | 部门 | 信息要素 | | |
| 仓储费 | $S_{10}$ | 机关财务科 | 管理费应付工资等 | 外委费用直接取得，自行仓储费用包括人工费、设备折旧费、设备维护费、材料费等等需分配获取。 | $C_i$ = 某类材料采购量×单位仓储费 |
| | | 人力资源部门 | 岗位人员 | | |
| 倒运费用 | $S_{11}$ | 机关财务科 | 包干价 | $dy_i$ 表示第 $i$ 种原燃料的倒运量 $p$ 表示吨包干价格 | $C_i$ =某类材料倒运量×吨包干价格 |
| 存储损失 | $S_{12}$ | 材料处财务科 | 资产负债表 | $S_{10}$ = 平均库存金额×量质损失率 | $C_i$ = 某类材料的平均库存金额×相应量质损失率 |
| | | 专家组 | 质量损耗率 | | |
| 物料占用成本 | $S_{13}$ | 材料处财务科 | 资产负债表 | $S_{11}$ =平均库存材料金额×企业平均贷款利率×库存期间。<br>平均库存材料金额 = （期初材料金额 + 期末材料金额）/2 | $C_i$ = 某类材料的平均库存金额×企业平均贷款利率×库存期间 |
| | | 结算中心 | 平均贷款利率 | | |
| 他方垫付的物流成本 | $S_{14}$ | 机关财务科 | 单位运价到厂价采购数量 | $S_{12}$ = 单位运价×到厂价采购数量 | $C_i$ =某类材料的到厂价采购数量×单位运价 |

需要补充说明的是，在国内原燃料供应物流成本核算中，以及下一步要讨论的进口原燃料的供应物流成本核算，特别分析了某种原燃料供应物流成本的计算方法，主要目的有两点：一是为了强化对单项原燃料供应物流成本的控制，二是在钢铁产品成本计算表中，生产消耗原燃料项目是逐项列示的，根据生产消耗原燃料的数量，就可以计算出吨产品发生的供应物流成本，进一步与生产物流成本结合，计算吨铁物流成本、吨钢物流成本和吨材物流成本，从而能够促进物流成本核算的深化。

### 4.3.5 进口原燃料供应物流成本的核算

进口原燃料按 FOB 价结算，发生的物流成本项目主要包括船运费、保险费、报关费、报验费、商检费、港口作业费和港口至工厂及其后发生的物流费用。港口至工厂及其后发生的物流费用核算与国内原燃料供应物流成本的核算基本相同，不再予以分析。下面仅分析船运费、保险费、报关费、报验费、商检费、港口作业费的核算。

（1）船运费、保险费及报关费

在进口原燃料的会计实务处理中，船运费、保险费及报关费均是按船结算。会计分录举例如下：

借：物资采购－凯克斯－加斯巴精粉（船运费）
　　物资采购－凯克斯－加斯巴精粉（保险费）
　　物资采购－凯克斯－加斯巴精粉（报关费）
　　贷：应付账款－××公司

会计分录中，凯克斯指船名，加斯巴精粉指采购原燃料品名。通过上面的例证可知，船运费、保险费和报关费这些物流成本信息是能够直接从会计资料中获取的，而且能够具体到原燃料的品种。通过明细科目汇总，可以得到进口原燃料的物流成本发生额。

$$船运费\ S_{15} = \sum_{i=1}^{n} C_{15i}$$

$$保险费\ S_{16} = \sum_{i=1}^{n} C_{16i}$$

$$报关费\ S_{17} = \sum_{i=1}^{n} C_{17i}$$

（2）报验费及商检费

在会计实务中，这两项费用是通过“预提费用”核算的。因为金额相对较小，所以可按平均费率计算。

$$S_{18} = 报验费 + 商检费$$

其中：

平均费率 =（报验费 + 商检费）/进口原燃料总量

$$C_{18i} = 平均费率 \times 第\ i\ 种原燃料的进口量$$

（3）港口作业费

根据AB钢铁公司与各相关港口的协议，货船到达港口后，发生的装卸、堆存和仓储等作业费用，以吨矿包干价的形式支付给港务局。

$$港口作业费\ S_{19} = \sum_{\varphi=1}^{n} jk_{\varphi} p_{\varphi}\ (\varphi = 1,\ 2,\ 3,\ 4)$$

$$C_{19i} = \sum_{\varphi=1}^{n} jk_{i\varphi} \cdot p_{\varphi}$$

式中：$jk_{\varphi}$ —— $\varphi$ 港口进口矿的数量；

$p_{\varphi}$ —— $\varphi$ 港口的港口作业费包干价。

（4）进口原燃料供应物流成本计算

通过对FOB价结算方式下，进口原燃料供应物流作业环节，及发生的相关物流成本的分析，确定了上述4项物流成本项目的核算方法。在CIF价结算方式，船运费、保险费包含在了货物价值当中，相当于国内采购到厂价结算方式下他方垫付的物流成本，所以计算进口原燃料供应物流成本时，他方垫付的物流成本成本项可用来核算CIF价结算方式下，估算的船运费和保险费，不再单列。

$$进口原燃料供应物流成本总额 = \sum_{k=1}^{19} S_k = \sum_{\substack{k=1\\i=1}}^{\substack{k=19\\i=n}} C_{ki}$$

### 4.3.6 材料供应物流成本的核算

材料采购业务流程与原燃料采购基本相同，同样要经过订货采购、运输、装卸、仓储等作业，并发生与之相关的成本费用。因此材料供应物流成本的核算可在原燃料供应物流成本核算体系的基础上，考虑材料供应物流自身的特点予以设计。

（1）在进行材料采购的物流成本核算时，可仅按物流成本项目归集发生的物流成本，无需按种类核算。原因有两点：一是材料采购品种、规格繁杂，所采购的品种近万种之多，很难具体实施。二是在计算产品生产成本中材料消耗时，并不分类列示，而是把消耗材料总金额直接计入“制造费用－辅助材料”科目。

（2）购进材料的装卸、仓储管理都是由材料处负责，并按材料类别在厂区设有多个供应站，分类管理。因此在计算装卸费和仓储费用时，装卸设备和仓储设施的维护费用不存在与生产设施分摊的问题，可根据实际发生额直接列入。

（3）材料采购过程中发生在途损失的可能性较小，可不予核算。

（4）材料处的多个供应站点，有较大的库容，足以存储生产消耗材料。同时，材料供应可以持续供货，不会出现集中、大批量进货的情况，所以无须租用外部仓库，也就不会发生倒运费用。

（5）材料入库前，由仓库管理人员核对数量、检查质量，不会发生专门的计量费和检验费。

（6）材料多数是室内存储，一般不会发生数量损失，但是因各种原因导致的材料超过使用有效期、变质等情况，以及不适应生产要求而被废弃等，都可归集为报废损失。报废损失一般采用集中处理的方式，可直接从会计资料中获取。

（7）其他物流成本项目的核算可参考原燃料供应物流成本核算体系的计算方法。

### 4.3.7 备件供应物流成本的核算

备件供应物流与材料供应物流在业务流程上基本相同，核算方法上同样可以在原燃料供应物流成本核算体系的基础上，结合备件供应物流的特点加以修改应用。

（1）入库备件由相关管理人员当场检验，无须发生专门的计量费及检验费。

（2）备件供应过程中，大部分都要加以包装，基本不会发生在途损耗成本，因此无须核算；因备件仓库库容较大，而且可以持续供货，所以不会发生因租用外部仓库而产生倒运费。

（3）备件的装卸和仓储全部由装备部负责，在计算卸车费用和仓储费用中的维护费时，可按实际发生数直接计入。

（4）备件管理因库存时间过长，会造成两个方面影响，一是占用资金，二是元器件因过期、不再适应生产需要等原因，成为废品，发生报废损失。备件报废与材料报废一样，在会计上集中处理，所以可直接从会计资料中获得。

（5）备件供应物流成本核算相对简单，成本项目包括订货采购费、运输费、卸车费、仓储费、报废损失和备件占用成本等。

### 4.3.8 供应物流成本的汇总核算

为了对供应物流成本进行全面地反映，设计了供应物流成本汇总，见表4-9。

**AB 钢铁公司供应物流成本汇总** 表4-9

| 采购类别<br>物流成本项目 | 国内<br>原燃料采购 | 进口<br>原燃料采购 | 材料采购 | 备件采购 | 合计 |
|---|---|---|---|---|---|
| 订货采购费 | | | | | |
| 海运费 | | | | | |
| 保险费 | | | | | |
| …… | | | | | |
| 运输费 | | | | | |
| 取送车费 | | | | | |
| 停车延时费 | | | | | |
| 进厂火车运费 | | | | | |
| …… | | | | | |
| 报废损失 | | | | | |
| 物料占用成本 | | | | | |
| 合计 | | | | | |

通过汇总表，可以得到多项供应物流成本信息。

（1）通过汇总核算求得供应物流成本总额。

（2）表中纵向按照采购类别汇总物流成本，反映了国内原燃料、进口原燃料、材料和备件供应物流成本的总额。四个采购类别的采购业务分别对应着四个职能部门，所以汇总表也同时反映了原料处、国贸公司、材料处和装备部四个职能部门职能范围内的物流成本发生额。

（3）表中横向按照物流成本项目汇总物流成本，反映了供应物流环节发生的运输费、仓储费、物料占用成本等诸项物流成本总额。

（4）对汇总表信息进一步加工整理，可以求得各采购类别占供应物流成本总额的比例，单项物流成本占供应物流成本总额的比例，从而能够反映出供应物流成本的结构信息，为物流成本分析、物流成本的重点控制提供数据支持，加强物流成本管理。

## 4.4 供应链物流成本的分析模型

自从供应链物流成本管理兴起以来，各个领域的学者从不同的角度对它进行了研究，其中很重要的一个研究方向就是供应链物流成本的建模。供应链建模的目的就是寻求更好的组织形式以使得供应链整体物流成本最小化。

国际上应用供应链管理最成功的例子之一是美国数字设备公司（Digital Equipment Corporation）。1990~1994 年期间，该公司采用其全球供应链模型进行决策，把原本分布于 13 个国家的 33 个工厂减少到了 12

个，设备与设施也减少了一半，仅此一项工程就为公司节约了4亿美元的成本。另一方面，该公司在人力资源运用很少的情况下使产品产量和利润持续增加，其中小型计算机产量增加了4倍，磁盘驱动器和终端增加了9倍。

### 4.4.1 国外学者对供应链物流总成本管理模型的研究

国外学者对于供应链物流成本管理模型的研究起始于20世纪80年代，建立的模型大多是实际问题的反映，并且建模后会在企业应用中不断加以改进。在供应链设计的数学模型和算法方面，有些学者做了广泛而深入的研究分析。国外各学者对供应链物流成本管理模型的研究成果如表4-10所示。

**国外供应链物流成本管理模型特征**　表4-10

| 作者<br>特征 | Geoffrio，Graves[87] | Brown，Graves，lee[88] | Artzen，Brown，Harrisonand Trafton[89] | Schneeweiss，Kirstin[90] | Mokashi，Kokosis[91] |
|---|---|---|---|---|---|
| 模型名称 | 单周期分销成本的非线性模型 | 单周期总成本最小模型 | 多周期总成本最小模型 | 多周期包括生产与供应双MIP模型 | 多周期子问题集合MIP模型 |
| 目标函数 | 分销总成本最小 | 总成本最小 | 总成本最小 | 生产总成本最小、供应链总利润最大 | 含生产时间保证的总成本最小 |

续上表

| 作者<br>特征 | Geoffrio, Graves[87] | Brown, Graves, lee[88] | Artzen, Brown, Harrisonand Trafton[89] | Schneeweiss, Kirstin[90] | Mokashi, Kokosis[91] |
|---|---|---|---|---|---|
| 约束条件 | 生产能力、分销能力和客户需求 | 生产能力、客户需求、运输库存平衡等 | 生产能力、运输能力、库存能力、客户需求等 | 生产能力、供应能力、物料平衡 | 生产能力、客户需求、产品—库存—客户平衡 |
| 算法 | Bender分解算法 | 目标约束分解算法 | 约束分枝枚举法和行分解法 | 双模型层次规划法 | 结合LP的离散图算法 |

国外有关学者对供应链物流成本管理模型的研究大多集中于以下三方面[92]：

(1) 生产/库存系统的成本问题研究。1973 年 Growston 在假设需求恒定情况下，用动态规划对装配型生产/库存问题进行研究；20 世纪 80 年代至 90 年代初 Graves、Blackburn&Millen、Veral&laforge、Bookbinder&Koch、Roundy 等人探索了相关需求环境下产品的批量算法及其应用。1994 年 Zijm & Houtum 给出了随机需求下的多级生产/库存系统链成本函数的结构。

(2) 库存/配送系统中的成本研究。从 1985 年开始 Badmellietal 等学者对库存/配送系统中的某一环节的优化进行了研究，有些模型的局部应用得到了较好的效果。

（3）生产—库存—配送系统方面的成本研究。Cohen & Lee 以成本最小为目标建立了四个模型即物料控制子模型、生产控制子模型、产品库存子模型、配送模型。以上研究都对现实作了较多的抽象，忽略了较多的不确定因素，并且都是针对某个环节进行优化。

表 4-10 列出了国外学者从不同角度建立的供应链物流成本模型，这些模型有着许多共同的特点，但也有自身模型的特征以及模型构建方面的不同特点。每个模型的构成要素主要有这几个方面：变量的设置、目标函数、约束条件、参数以及计算方法[93]。从表中可以看出，这些模型的共同点是：

（1）目标函数都是考虑总成本最小化或者总利润最大化。

（2）考虑了产品的多品种属性。

（3）在约束条件方面，都考虑了客户需求、生产能力和物料平衡等因素。

（4）对多周期的模型一般都引进了仓库存储约束条件和存储平衡的约束条件。

这些模型的不同点是：

（1）考虑单周期或是多周期。

（2）目标函数是单目标或是多目标，是线性或是非线性，是确定性或是随机性的。

（3）在约束条件方面，是否考虑 BOM，决策变量是否加上下界等。

（4）算法不同。

此外，在 Internet/Intranet/Extranet 广泛应用的今天，原有的研究假设前提已不成立，研究对象已由内部供应链转向外部。而今天的供应链更强调构建的敏捷性、动态性和运作的协同性，从而使供应链的成本构成更加复杂，时间和成本对供应链的约束更加突出[92,93]。

另外，也有研究者从不同的角度将研究聚焦于供应链的成本问题。Bertazzi 和 Luca 提出了四类启发式算法，主要解决配送系统中各节点的存货成本，并用动态编程技术求得简单问题的最优解[94]。Vidal、Carlos. J 等提出了一个最优化的全球供应链模型，主要用决策模型解决配送系统中的运输成本分配问题[95]。

### 4.4.2 国内学者对供应链物流总成本管理模型的研究

国内学者对供应链物流成本管理模型的研究比国外起步要晚，表 4-11 是国内学者对供应链物流成本建模的一些研究成果。

**国内供应链物流成本管理模型特征** 表 4-11

| 作者<br>特征 | 计小宇等[60] | 常良峰等[63] | 黄祖庆等[70] | 李良等[86] | 李延晖等[71] |
|---|---|---|---|---|---|
| 模型名称 | 基于不确定规划的供应链网络设计模型 | 分销商的静态成本优化模型 | 允许缺货情况下合作竞争订货模型 | 顾客服务水平与库存成本权衡模型 | 基于时间约束的多源多品种配送系统模型 |

续上表

| 特征＼作者 | 计小宇等[60] | 常良峰等[63] | 黄祖庆等[70] | 李良等[86] | 李延晖等[71] |
|---|---|---|---|---|---|
| 目标函数 | 最大化总费用小于承受价格的可能性 | 分销商的总成本最小 | 库存成本和缺货成本最小 | 决定每期各地点的订货策略，使长期总成本最小 | 生产基地—配送中心—客户的运输成本及配送中心固定费用的总和最低 |
| 约束条件 | 供应商原材料容量、制造商生产能力、分销中心分销能力、允许开设的最多的工厂和分销数目以及分销中心分销给顾客的产品满足顾客的需求等 | 成本上限、净利润下限 | 无 | 预期服务水平达到既定要求 | 产品送到客户的运输时间、各产品的供应量、每个分销点的每种产品只由一个配送中心负责配送、供需平衡、配送中心的个数等方面提出了约束限制 |
| 算法 | 随机模拟、模糊模拟及遗传算法相结合的混合智能算法 | 进化规划算法 | 二阶求导和逆向归纳法 | 模拟分析 | 启发式算法 |

（1）国内外学者对单项物流成本的研究

经典的 EOQ 模型和报童模型就是考虑的物流总成本的大小，只是考虑的成本将对简单，而且考虑的成本种类较少。因此，迄今为止很多关于经典库存模型的扩展都集中在加入新的成本或者改进原有成本描述方式上。很多专家学者对供应链物流成本中库存持有成本、订单处理成本（订货成本）、缺货成本和运输成本进行了描述或者改善。将四项成本恰当地合并到物流总成本中，可以使得传统的订货量模型更加具有精确的解。

（2）库存持有成本

库存持有成本是供应链物流成本中最重要的组成部分之一，其计算的关键在于根据不同产品估计其单位库存持有成本占单位价值的百分比。Tyworth JE[96]将其扩展为由仓储成本和在运库存成本两部分组成。他认为，在运库存也是对资金的一种占用，应该属于库存成本的一部分。也有学者从供应链的相应能力角度，将在运库存成本看作供应链响应能力的一种度量。因为运输时间越短，在运库存成本就越小，所以，Tyworth JE 将在运库存成本描述为$\mu_d \cdot \mu_T \cdot P \cdot Y$，其中$\mu_d$和$\mu_T$分别是随机需求和随机运输时间的均值，$Y$表示在运库存成本占单位售价$P$的百分比。Muhlemann AP 和 Valtis SpanNP[97]首次尝试将上面这种固定库存持有成本。Vander VeenB 和 Weiss HJ 认为这种常量的库存持有成本对于易变质产品并不适用，所以，VanderVeen[98]将其扩展为库存的非线性函数，Weiss[99]将其扩展为货物保存时间的非线性函数。而

GiriBC[100]则在其关于易变质产品的扩展 EOQ 库存模型中，同时考虑了库存持有成本是货物保存时间的非线性函数或者是先有存货数量的非线性函数两种情况。文中假设需求率是先有库存水平的函数，而且易变质产品的变质率是现有库存的一个常数比率 $\theta(0<\theta<1)$，对库存持有成本作如下描述：

$$C_H=\int_0^Q ht^n\mathrm{d}q \quad \text{或者} \quad C_H=\int_0^T hq^n\mathrm{d}t$$

$$=h\left[\frac{Q^{n+\alpha}}{(n+\alpha)D}-\frac{\theta Q^{n+2\alpha}}{(n+2\alpha)D^2}\right]$$

其中，$Q$ 是订货量，$q(t)$ 是 $t(0\leqslant t\leqslant 1)$ 时刻的瞬时库存水平；$\alpha=1-\beta,(0<\alpha<1)$，$\beta$ 是状态参数，用于衡量需求率队现有库存水平变化的敏感性；$q(t)$ 在周期时间 $T$ 内的瞬时状态由下面的一阶非线性微分方程给出：

$$\frac{\mathrm{d}q(t)}{\mathrm{d}(t)}+\theta q(t)=-D\left(q(t)\right)^{\beta}$$

（3）订单处理成本

传统的 EOQ 模型中假设每次订货的订货成本（订单处理成本）是一个固定的常数。ChenFY 和 KrassD[101]将订货成本扩展为由固定订货成本 $K$ 和可变订货成本 $C$（与订货量有关）两部分组成。文中假设库存控制策略为最大库存水平策略，定义 $n$ 期的总订货成本等于：

$$C_0=\sum_{t-1}^{n}\left[K\delta(S_t-X_t)+C\cdot(S_t-X_t)\right]$$

其中，$X_t$ 表示第 $t$ 期的期初库存，$S_t$ 表示最大库存水平，$\delta_t(S_t-X_t)$ 是一个表示是否订货的 0-1 变量。

WooYY 等[102]则针对目前的 EDI 订货环境将订货成本描述成指数形式。假设买方的订货成本 $T_i(K)$ 是单位时间订货系统投资费用的一个指数函数，其定义为：

$$T_i(K) = T_{0i}e^{-rk}, r > 0, i = 1,2,\cdots,m$$

其中，$T_{0i}$ 是第 $i$ 个买方在没有进行订货系统投资情况下的订货成本。文章认为，通过在降低订货成本上投资，会缩短多个买方的通用订货补给周期，从而降低买方的订货量和缺货量，而且，买卖双方都能从降低订货成本的投资中获益。

吕芹等[103]根据采购员发出订货订单时工作状态的不同，对订货成本作如下定义：设定 $K_{SP}$ 表示采购员的时间成本（一个采购员工作闲暇与繁重无闲暇时的订货成本是不同的）；$K_{SR}$ 表示接受订单的成本（包括更新库存记录，进货验收成本，验收人员的验收手续，进库成本等）。如果假设采购员的空闲率为 $\alpha$，库存控制策略为（R，Q）策略，则订货成本为：$C_0 = (D/Q)\cdot(\alpha K_{SP} + (1-\alpha)K_{SR})$。

（4）缺货成本

在报童模型中加入期末残值（单位残值为 $S$）和缺货成本（单位产品缺货成本为 $B$）以后，报童模型可扩展为[24]：

$$TP(Q) = P\int_0^Q xf(x)\mathrm{d}x + PQ\int_Q^{\infty} xf(x)\mathrm{d}x - C\cdot Q + S\int_0^Q (Q-x)f(x)\mathrm{d}x - B\int_Q^{\infty}(x-Q)f(x)\mathrm{d}x$$

假设 $P+Q>S$，这在一般情况下都是成立的。令上式得一阶偏导数等于零，可得到使 $TP$（$Q$）最大的 $Q$，

记为 $Q^*$ ，它满足：$F(Q^*) = (P - C + B)/(P - S + B)$ ，若库存不足（Underage）成本 $C_u = P - C + B$ ，库存过剩（Overage）成本 $C_0 = C - S$ ，则最优订货量可改写为：$F(Q^*) = C_u/(C_u + C_0)$ 。

以上模型中假设缺货的惩罚成本 $B$ 是固定不变的，而且假设缺货都会被完全延期交货，这一假设在某些情况下是不成立的，因为消费者很可能因为缺货而放弃购买或者转而购买其他替代产品，造成销售额的损失和信誉损失。Schwartz BL[104] 首次尝试跳出缺货的固定惩罚成本这一假设，认为缺货将会影响消费者未来的购买行为。此后，很多学者致力于缺货成本的衡量，比较有代表性的是 Ernst R 和 Powell SG[105]，他们在将顾客分为忠诚顾客和非忠诚顾客的基础上，假定来自于忠诚顾客的需求会被延期交货，而来自于非忠诚顾客的需求会发生销售额损失，从而将缺货成本定义为由延期交货惩罚成本和销售额损失两部分组成，每部分在缺货成本中所占的比例由 $\beta$ 来度量（$\beta$ 表示可延期交货的需求与总需求的比例），在此基础上，给出了采用周期检查的最大库存水平策略下的缺货成本函数：

$$C_S = \beta \cdot B \cdot \int_S^{\infty}(x - S)f(x)\,\mathrm{d}x + (1 - \beta) \cdot (P - W) \cdot \int_S^{\infty}(x - S)f(x)\,\mathrm{d}x$$

其中，$P$ 表示零售价格，$W$ 表示批发价格。

（5）运输成本

传统库存模型中没有考虑运输成本，而是将其放到运输问题中单独考虑。但在供应链管理环境下，运输成本是总成本函数中不可缺少的一部分，所以学者们开始将运输成本加到传统库存模型中，从而进行运输与库存的联合决策。目前运输成本的描述已经逐渐接近现实中的实际运输费用。

Daganzo CF[106]将运输成本描述为固定运输成本 $C_f$ 和可变运输成本 $C_v$（与年需求量有关）的和，即 $C_T = C_f + C_v \cdot D$；当运输成本仅与距离有关时，可将 $C_f$ 和 $C_v$ 描述为距离的函数，即 $C_f = C_S + C_d \cdot d \cdot C_v = C'_S + C'_d \cdot d$，其中，$C_S$ 表示每次运输中发生的固定成本（如闲置费、停车费等），与距离无关；$C_d$ 表示每辆车运行一公里所耗的成本；$C_S$ 表示运载一件额外产品的附加成本，使装卸货时发生的一种成本惩罚；$C'_d$ 表示每件产品每运行一公里的边际磨损和运行成本（经常忽略）。

TyworthJE 将运输成本扩展成幂函数的形式以更好地拟合实际中的运输费率：令 $C_T = f(Q) \cdot D \cdot (w/100) = a(Qw)^b \cdot (1-d) \cdot D \cdot (w/100)$，其中，$f(Q)$ 是幂函数形式的运价函数，其中 $a$，$b$（$a>0$，$b<0$）分别为运价费率参数，$d$ 为运价折扣，$w$ 表示单件重量（磅），$D \cdot (w/100)$ 表示每宗运输重量（以每百磅的方式进行计算）。

SwensethSR[107]认为，实际中满载运输的运价费率是以单位里程（per-milebasis）为基础进行计算的；零散运输的运价费率是以每百磅为基础的（hundred weight）进行计算的，单件运价费率随着运载量的上升而下降。由此首先给出一般情况下的运输成本：

$$C_T = f(Q) \cdot D \cdot w = \frac{F_x \cdot W_x}{Qw} \cdot D \cdot w$$

其中，$F_x$ 是满载运输的运价费率/磅，$W_x$ 是满载运输时的满载重量，$Q_w$ 表示实际的运载重量。如果考虑运价折扣 d，则可将该函数进一步改进为：

$$C_T = f(Q) \cdot D \cdot w = [F_x + d \cdot F_x \cdot \frac{(W_x - Qw)}{Qw}] \cdot D \cdot w$$

以上给出的都是单周期的运输成本描述，HaimovichM 和 RinnooyKA[108] 将其扩展到多周期，给出了一个仓库多个零售商环境下的多周期运输成本的下边界 $\tau \cdot (2/q) \cdot \sum_{i=1}^{N} d_i \cdot \mu_i$，其中，$\tau$ 是一辆车运行一公里的运价，$q$ 是卡车容量，$d_i$ 是零售商 $i$ 至仓库的距离，$\mu_i$ 是零售商的需求均值。

## 4.5 本章小结

供应链企业物流成本的准确计量一直是阻碍物流管理和供应链成本管理研究的一个主要问题。本章从企业角度讨论了供应链物流成本的核算问题。

（1）物流成本核算对象的确定是非常重要的，基于企业物流成本核算的目的来确定合理的物流成本核算对象，并在此基础上设置供应链物流成本的相关会计账户。物流成本核算是开展有效物流管理与供应链管理的基础。

（2）供应链物流成本的核算要结合企业内部管理及供应链管理的要求来进行。具体的核算方式有会计方式和统计方式两种，而统计方式的供应链物流成本核算方法是比较符合当前企业管理现状的一种行之有效的方法。

# 第五章　基于供应链的跨组织成本管理方法

常规的成本管理一般局限于单个企业，供应链成本管理的基本理念就是将成本管理的方法应用于整个供应链，即将这种方法拓展到组织的界限之外。许多学者和一线管理人员都在研究基于供应链合作关系的多种成本管理和计量方法。这些方法最重要的思想就是充分利用供应链上的协同管理思想、共享信息，实现供应链成本的最小化。

20 世纪 60 年代，在供应链中，为了增加成本的可见性，采用了直接产品盈利法（Direct Product Profitability，DPP）、作业成本法（Activity-based costing，ABC）、所有权总成本法（Total Cost of Ownership，TCO）等方法[109]。

DPP 提供了整个供应链中移动产品的成本，它去掉了直接归产品的成本，从而更精确地描述产品的盈利率。但是 DPP 仅包括作业成本，如处置、运费、折扣、津贴、存储和直接劳动等直接的成本，不包括间接的“固定的”管理费用，如监督、设备、管理、滞留、逾期、采购和库存持有成本。罗宾·库珀（Robin

Cooper）和罗布特·卡普兰（Robert Kaplan）在提出了 ABC 法，它通过分配直接和间接成本，解决了 DPP 没有解决的间接成本分配问题。它使用多动因分配成本，从而精确提供了成本费用产生的根源，提供了一种跟踪完成物流服务或作业成本到最终客户的机制。但是，这种方法对供应链管理没有提供满意的解决方案，因为 ABC 更关注供应链参与者如何影响企业的成本和利润率，并没有全面反映单个企业的行为对整个供应链成本或最终客户所看到的市场成本的影响程度，不能使供应链参与者知道在供应链的何处存在非增值活动，不清楚驱动供应链成本的主要因素是什么[110]。

Ansari 和 Bell[111]阐述了目标成本法在供应链企业中的应用，强调目标成本法不是要转嫁市场压力，而是要与所有供应链合作伙伴进行协作，从而使每个企业能保持自己的盈利性。Cooper 和 Slagmulder[5]引入了链式目标成本法的概念，认为目标成本法是用于保证供应商实现共同设定的功能、质量和价格目标的一种约束机制，是一个动态过程。目标成本法作为一种成本管理工具，能够将市场压力转入企业的产品设计流程，而且，事实表明目标成本法也可以应用到其他管理领域，如通过重新设计产品来降低现有产品的生产成本。Smith 和 Lokamy[112]提出，“将客户需求和供应链灵活性两个市场变量结合在一起来确定实施目标成本法的策略。”不仅要保证供应链的每一个阶段都不超出市场价格，而且要保证供应链的每一个成员都能分享由此产生的利润。

国内对成本管理方法在供应链管理中的应用研究

并不深入。宋华建议用所有权成本分析（Total Cost of Ownership，TCO）来合理测度供应链成本[113]。桂良军，薛恒新等[114]研究了供应链作业成本和目标成本，在信任、合作、信息共享基础上，提出了将供应链成本内容和供应链成本管理方法集成到产品生命周期成本中去的观点。

可以看到，在供应链成本管理中，缺少的并不是供应链成本管理的方法，而是如何将现有的成本管理方法整合起来，综合应用于供应链成本管理。

## 5.1 供应链成本管理的基本方法

目前应用于供应链管理的成本管理方法有很多，其中研究最为广泛的几种方法分别是：目标成本法、作业成本法和生命周期成本法。

### 5.1.1 目标成本法

目标成本法是丰田（TOYOTA）在20世纪60年代开发出的成本管理方法，这一方法目前已经得到了广泛采用。目标成本法的目的在于将客户需求转化为对所有相关流程的强制性竞争约束，以此来保证将来的产品能够创造出利润。

在早期供应链目标成本法或供应商整合进目标成本法的研究中，主要有以下四个主要贡献。

（1）目标成本法中的供应商整合

Seidenschwarz 和 Niemand 展示了如何将目标成本法应用于供应商管理。目标成本法将零部件层次的目标成本转嫁给供应商。零部件对整个产品越重要，供应商就会越早被纳入产品的开发流程。于是，供应商的成本工程师就需要采用项目导向型管理方法，一步步降低成本，直到满足设定的目标成本为止。

（2）扩张型企业的目标成本法

Ansari 和 Bell 阐述了目标成本法在扩展型企业中的应用。他们强调，目标成本法不是要转嫁市场压力，而是要与所有的供应链伙伴进行协调，强调了建立长期供应商关系的重要性，从而使每个企业都能保持自己的盈利性。

（3）链式目标成本法

Cooper 和 Slagmulder 引入了链式目标成本法的概念。在这一概念中，目标成本法是用于保证供应商实现共同设定的产品功能、质量和价格目标的一种约束机制。权力在供应链伙伴之间的分配问题是一个基本问题。在配送方面，可能会受到拥有权力较少的客户的约束；在供应商方面，可能会受到不受目标成本法压力影响的供应商的限制。按照所谓的功能—价格—质量悖反的观点，目标成本法是一个动态过程。

（4）供应链管理的目标成本法

Lokamy 和 Smith 所提出的供应链管理的目标成本法，是将客户需求和供应链灵活性两个市场变量结合在一起确定实施目标成本法的策略。通过目标成本法，不仅要保证供应链每一层次的成本都不超过市场价格，而且要保证供应链的每一成员都能分享产生的利润。

### 5.1.2 作业成本法

作业成本法（ABC）基于这样的理念：企业的一般管理费用都是由各种活动所引起的，这些活动能够与对成本产生积极或消极影响的驱动因素联系在一起。Glad 和 Becker 将这些成本驱动因素定义为“引起作业成本变动的因果因素”。作业成本法的目标就是利用成本驱动因素将一般管理费用以更合理的方式分摊到产品的总成本中。并且，企业可以通过作业成本法识别出那些与最终客户的效用无关的活动，并通过减少或完全剔除这类活动来优化一般管理费用。这样企业就可以更好地对市场需求做出反应并增强自身的竞争力。

供应链作业成本法是从供应链的视角，通过分析作业成本（企业成本）和交易成本来优化产品总成本。供应链的作业成本管理主要是供应链成员中单个企业内部职能部门的职责，它以内部代理关系为特征。而供应链的交易成本虽然是供应链中所有参与企业共同的职责，但在企业间代理关系中很难确定谁是委托方，谁是代理方，双方似乎都同时既是代理方又是委托方，当彼此需求得到满足时，双方相互肯定对方的业绩。这意味着他们在共同的供应链中确认、讨论和分析交易成本动因，双方的关系应该是合作，主要的合作机制是信任和协调，整个供应链的关系以信任为基础，目标是实现双赢。

供应链作业成本法的应用，使得发生的成本依据成本动因不仅可以对产品，也可以对供应商和客户进行分配。所以企业在以作业成本法控制和分配自身成本的同时，从供应链的视角，可以更有效地管理供应商和客户成本，从而降低供应链的总成本，实现供应链的总收益最大化。

### 5.1.3 生命周期成本法

产品生命周期（Product Life Cycle）是指一个产品从客户需求、概念设计、工程设计、制造到使用和报废的时间过程。但是目前，对于生命周期成本（Life Cycle Costing，LCC）还没有达成统一的理解，大多是依据 Blanchard 和 Fabrycky 的定义，“生命周期成本是指在系统的生命周期中与该系统相关的所有成本”（图 5-1）。在生命周期成本法系统中，产品使用者承担的成本（包括使用成本和周期结束成本）负责补充传统上由产品生产商所承担的成本。并且除了考虑实物流程及其相关物资和能源流动（LCI）的成本外，还要考虑劳动力和使用知识（如专利）的成本以及交易成本（如信息流）。例如，在生命周期中需要考虑产品的开发成本。

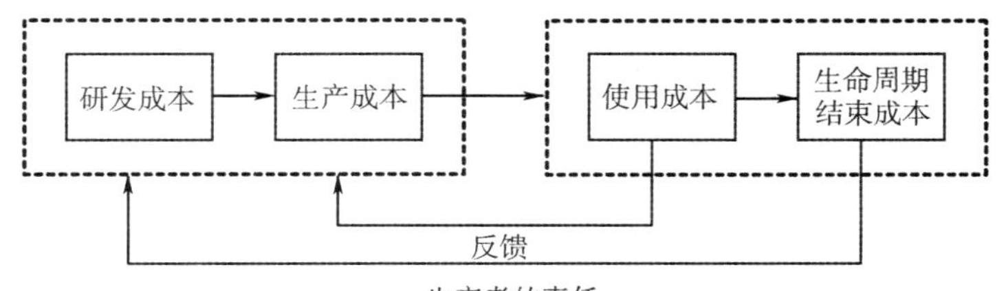


图 5-1 经济生命周期

（粗线代表 LCI 流动）

在采用生命周期成本法下，就可以确定产品开发、生产、使用、周期结束所产生的所有成本，并据此识别生命周期和供应链中的成本驱动因素和其悖反关系，以开发和生产最小总成本的产品。

供应链成本管理是一种跨组织的成本管理，其成本管理范围从最上游的原材料供应商到最终的产品用户，拓展到了整个产品的生命周期。因此，对于供应链成本管理而言，如果仅仅采用某一种成本管理方法，如目标成本法或作业成本法，就很难实现对整条供应链总成本的管理，因为每一种成本管理方法都有它自己的局限性。

一般而言，目标成本法仅应用于产品的设计研发阶段，不能有效地覆盖整个产品生命周期。此外，在目标成本管理中传统的成本计算、分配方法不够准确，从而影响了目标成本管理所要达到的最佳效果。而作业成本管理更侧重于成本核算、作业管理等微观层面上的成本管理活动，缺乏与整个供应链战略层面的连接。因此，要想有效地进行供应链成本管理，就需要根据各种成本管理方法的特点将其有效的整合，构建供应链成本管理方法体系，使得各种成本管理方法更好的发挥各自的作用。

本章是将目标成本法和改善成本法作为一种成本约束机制（disciplining mechanism）应用于整条供应链的成员企业之中。基于产品生命周期的跨组织成本约束机制是将最终企业所面临的市场竞争压力贯穿于整条供应链之中，通过将竞争压力转嫁到产品供应商和设计者身上，促使成员企业的成本管理达到必要的水平，实现成本降低目标的过程。在下一章中，通过建立合作机制协调成员企业之间的作业，加强供应链的信息共享和有效合作，综合运用各种先进的成本管理方法，发挥他们各自的强势，优势互补形成一个切实可行的供应链成本管理方法体系。

## 5.2 产品开发阶段的跨组织目标成本法

### 5.2.1 目标成本法概述

跨组织成本管理是通过约束和协调供应链中企业的产品开发进程来完成它在产品设计阶段的成本管理目标的。在该阶段，首要的跨组织成本管理的约束机制是目标成本法的应用。目标成本法是一种着眼于产品设计阶段的前馈型成本管理方法，它的目标是在生产出具备特定性能和质量的产品同时，还必须合理确定产品的生产成本，以保证产品在生命周期内以预期的市场价格销售时能够产生满意的利润水平。目标成本法是产品开发阶段跨组织成本管理的核心：它是首要的约束机制。

目标成本法可以分为三个主要的部分：市场驱动成本法、产品层次目标成本法和部件层次目标成本法（图 5-2）。

（1）市场驱动成本。市场水平的目标成本法的主要意义在于将企业面临的市场竞争压力传递给产品设计者和供应商。为了避免生产产品所付出的成本高于市场上顾客愿意支付的价格，企业应该合理的根据预期的市场价格确定可接受的目标成本。这个过程可以分解为三个步骤，第一步是确定产品的目标销售价格，第二步是决定目标利润水平，最后一步是用目标销售价格减去目标利润水平得出可接受的成本目标。

企业在确定目标销售价格时，需要综合分析企业

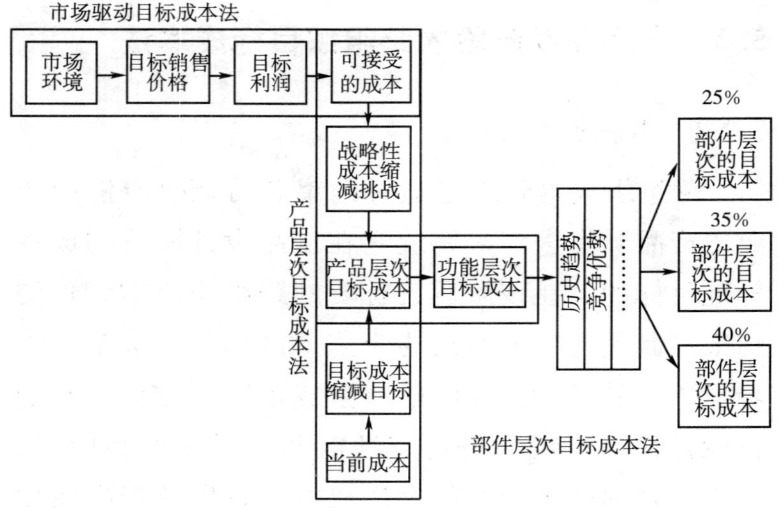


图 5-2　目标成本法的流程

所处的市场环境和自身的情况，主要考虑以下三个因素：顾客需求、竞争对手产品和企业对产品的战略定位（图 5-3）。而企业的目标利润水平一般是以历史利润率作为预测的起点，同时考虑产品的整个生命周期成本和企业的长期利润目标。

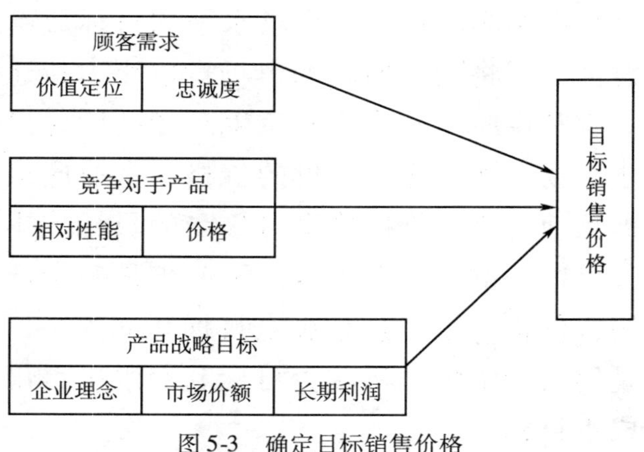


图 5-3　确定目标销售价格

（2）产品水平的目标成本。由于上文得出的可接受目标成本没有考虑到企业的内部管理和生产能力等因素，因此存在准许成本不能被实现的风险。为了避免这种风险，就应该在进行目标成本管理时保证设置的目标都是可行的。因此，许多企业将可接受目标成本与产品层次的目标成本区别开来，根据产品的当前成本来确定产品水平的目标成本，从而就产生了战略性的成本缩减挑战，即产品水平的目标成本与市场接受的成本之间的差。它代表了企业无法取得的新产品的目标利润水平。

企业产品的当前成本是指在不采取任何的成本降低措施，也不考虑通过任何改进设计或价值工程进行成本降低时产品的成本。当前成本与产品层次的目标成本之间的差额是成本降低目标（图5-2）。在设置成本降低目标时一定要考虑到很多细节，如企业的设计和生产能力等因素，设定的成本降低目标必须是企业做了相当大的努力后可以达到的。因为，如果这个目标设定的太高，不仅会对企业产生巨大的成本降低压力，还会导致目标成本法由于经常无法完成而失去约束的效果。相反，如果成本降低目标设定的太低，则会导致企业的新产品因为成本过高而失去竞争力。

一旦产品层次的目标成本确定下来，它会分解为三个组成部分：组件层次的目标成本、组装目标成本和间接的目标生产成本。

（3）部件水平的目标成本。部件水平的目标成本的核算目的是为产品的每一个部件制定目标成本，从而确定出企业所需外购零件的可接受购买价格，以及所需内部自制零件的转移价格。对于新产品的每一个主要的自制功能体都会有一个设计小组负责，这个过程的核心问题就是要想方设法地完成这个功能体的目标成本。如果主要功能体是外包的，那么部件的价格不是由供应商来确定，就是由购货方来确定。由于销售价格直接影响着双方部件水平目标成本的制定和实现，为此双方关于组件层次的目标成本的谈判必定会很激烈。

部件水平的目标成本核算在目标成本法中有着至关重要的作用，通过部件目标成本的制定可以将利润在供应商和购货商之间进行分配。因此企业并不是将目标成本平均的分配到各个部件和组装层次上的，而是通过分析历史趋势、竞争优势和其他相关信息确定每一部件的成本降低目标。在这个过程中，可以应用作业成本法进行合理的分配。

### 5.2.2 目标成本法的跨组织含义

对于传统意义的目标成本法，只是一种企业内部的成本管理活动。而当企业引入供应链管理的思想时，目标成本法的实施就需要购货商与供应商之间更为密切的合作，从而实现成本信息的分享以及控制供应链总成本的目的。

目标成本法的跨组织含义包括了四个方面。第一，购货方必须设定供应商可以完成的部件层次的目标成本。如果供应商认为部件层次的目标成本无法完成，那么会降低他们努力的积极性。第二，购货方必须选择适当的方法对供应商应用目标成本法。这个问题的核心在于他们在设置成本降低目标和完成目标成本时是否给予供应商足够的自由空间。第三，购货方可以设置激励系统来激发供应商的创新能力和提高成本降低率。最后，如果涉及到内部供应商，部件层次的目标成本的应用方式就应该改变，以适应供应商作为子公司的特殊地位。

供应链的目标成本体系将建立一种价格传递机制（将销售价格传递给外部供应商），将市场的竞争压力传递给它的供应商（图 5-4），从而决定了供应商的销售价格，也为供应商的成本管理重点指明了方向，当供应商使用这些信息时，自然就与购货商的成本管理活动结合起来了。正是因为这种携手合作对于目标成本法效果的重要性，导致了目标成本法真正成为一种跨组织成本管理的技术。

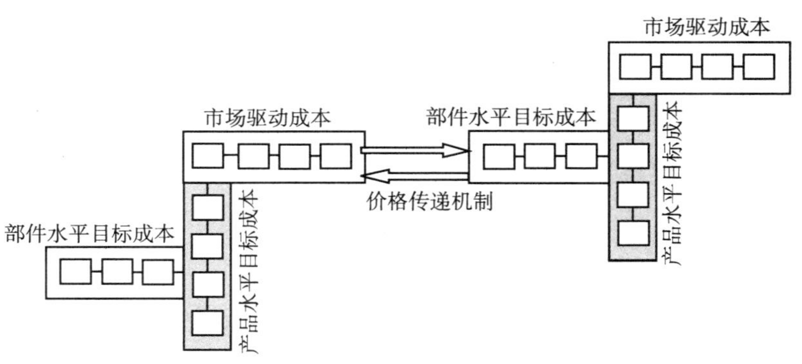


图 5-4　供应链目标成本法

目标成本法的价格传递机制是针对于具体产品和零部件层次而言的，因此产品包含的每一组件的供应路径都暗含着一条潜在的目标成本链条。当购货商的目标成本体系的输出项成为供应商目标成本体系的输入项时，企业间的目标成本管理就被连接在一起，同时目标成本法的约束性就被扩展到整个供应链上。购货方在部件层次的目标成本法中确定目标销售价格，供应商根据这个销售价格，运用市场驱动型成本核算来确定该部件的准许成本，这些准许成本为设定供应商产品层次的目标成本，以及进一步设定部件层次的目标成本提供了依据。同样的道理，这个部件层次的目标成本又确定了供应链中下一个供应商的销售价格。当目标成本系统联结成目标成本链时发挥的效率的最大。通过约束机制，由购货商的目标成本体系确定的部件预期销售价格将激发供应商的潜力降低成本以实现满意的利润水平。

供应链目标成本法系统的主要优点在于它可以将位于链首的企业所面临的市场压力贯穿于整条供应链。这个压力来源于购货方对部件性能和质量规格的要求以及设定的部件层次的预期销售价格。就是这个传递的压力激励了整个供应链上的企业变得更加有效率，才使得供应链目标成本系统如此有价值，尤其是它将企业期望提高效率的程度与市场的要求相匹配起来。供应链目标成本系统要求链上每个企业降低一定比例的成本来维持一定水平的利润。

但是，只有当涉及到的主体认为设定的成本降低目标是可完成的，供应链目标成本法的约束性才会有效果，否则目标成本链就会被“切断”。如果成本目标设定的太严格，会导致目标成本经常无法完成，形成习惯，就没有了失败引起的挫败感。这样，完成目标成本的压力下降，目标成本法就失去了该有的约束性。但是，如果目标成本设定的太宽松总是可以轻松完成的，也就失去了很多降低成本的机会。总而言之，可完成并不是指可以轻松完成，而是产品设计者在很大的成本降低压力之下经过努力才可以完成。但是，设置的压力必须是可行的，并且使产品的设计者坚信通过一番努力他们是可以达到目标的。

因此，企业仅仅依靠用目标销售价格减去目标利润水平确定部件层次的目标成本，还不能有效保证它是可以实现的。为了保证它的可实现性，企业还应该考虑供应商和自身的产品设计、生产能力等多方面的信息以确定目标成本。这就需要通过成本信息的共享、产品设计人员的交流等方式获取供应商成本降低能力的当前信息，或者是运用所拥有的供应商历年来目标成本完成情况的数据进行历史成本降低的趋势分析，并将这些信息应用于供应链目标成本法的流程之中。

在供应链目标成本法下，根据购货商和供应商之间相互信任的程度，可以有不同的合作方式，即目标成本是由购货方指定还是由双方谈判得出的。例如，当相互十分信任时，购货商可以通过与供应商协商来确定目标成本，赋予供应商较高的自主权，并且只对其设定捆绑式的目标成本。但是，目标成本法只是将部件水平的目标成本和竞争压力传递给供应商，而没有给他们足够的空间实现成本降低策略。如上文所述，当供应商认为由购货商目标成本体系设定的部件水平目标成本是不可能实现的时候，这种价格传递机制就失效了。我们将在下一章介绍三种辅助的成本管理技术，以解决成本超标的问题。

## 5.3 产品生产阶段的跨组织改善成本法

成本降低的机会是贯穿于整个的产品生命周期内的，所以企业仍可以在产品的生产阶段抓住额外的机会实现成本的降低。在产品生产阶段，跨组织成本管理是一种战略性的成本管理方法，可以协调供应链中企业的生产活动，使得他们的产品和组件可以在满意的成本下生产出来。在这个过程中，改善成本法（KAIZEN Costing）是首要的成本约束机制。

### 5.3.1 改善成本法概述

改善成本法就是在工作中不满足现状，积极地寻找问题，不断地向现有的绩效水平发起挑战，并寻找更佳的解决方法。它通过对合理化建议的实施，达到提高工作效率、保证和提高产品质量、改善工作环境和降低成本的效果，并激发企业员工的积极性、创造性，推动企业的稳步发展。改善成本法是以“成本可以持续改善”为核心理念，反映了“降低成本的潜力无止境”的成本管理意识，而这种成本意识正是企业长期保持成本优势的基础。

改善成本法实质上是一种利润管理技术，旨在确使每种产品在其整个生命周期内都能赢得足够的利润。它是将成本降低的重点放在产品生命周期中的生产制造阶段，将目标成本法在产品开发阶段建立的规则延伸到了生产阶段，可以使成本降低压力持续于整个的产品生命周期，因而补充了目标成本法。在一个设计周到的成本管理项目中，目标成本法和改善成本法紧密合作，可以确保足够的成本降低压力贯穿于公司产品的整个生命周期阶段。与目标成本法一样，改善成本法也是一种前馈型的成本管理方法，它是通过预期的成本降低需要来制定产品成本的降低目标，而不是在成本超标已经发生后才做出反应。

在产品生产过程中，绝大部分的成本节约是通过生产流程的改进实现的。这里主要有三种方式实施改善成本法，实现成本降低：期间型、项目型和费用型（表 5-1）。

**改善成本管理项目类型** 表 5-1

| Kaizen 成本项目 | 目　标 | 重　点 |
|---|---|---|
| 期间型 | 降低生产过程成本 | 直接成本 |
| 项目型 | 降低特定产品成本 | 直接成本 |
| 费用型 | 降低费用、维持成本 | 间接成本 |

这三种方式有着不同的目标和重点：期间型改善成本法的目标是通过当前既定量来降低生产过程的成本。大部分企业利用这种成本的降低来维持其盈利能力。项目型改善成本管理的目标是降低特定产品的成本，以获得长期利润。这样的介入手段即可以用于成本过高的新产品，也可以用于售价下滑程度高于成本降低程度的成熟产品。最后，费用型改善成本管理旨在减少产品组合复杂性，从而降低项目的费用成本。换句话说，期间型和项目型改善成本法侧重于直接成本控制，而费用型成本法是侧重间接成本控制。

从跨组织的角度来看，这三种介入手段的主要不同点在于它们将购货商成本压力转移到供应商的方式。在期间型改善成本法下，每个组件的售价都降低了，而在项目型改善成本法下，只有特别选中的一些组件的成本被降低。费用型改善成本法并不将压力转移给供应商，但是它将通过简化产品订单的组合复杂性来降低项目的费用成本。通过运用费用型改善成本法，购货商在降低零件组合的复杂程度的同时，自然也降低了从供应商处购买的零件组合的复杂程度，从而达到成本降低的目标。

### 5.3.2 改善成本法的跨组织应用

将改善成本法局限于企业范围内，忽视了供应链中上游和下游企业进一步节约成本的潜力。企业可以通过单方努力达到一些成本的降低，而其他的一些成本则可能需要购货方和供应商的合作才能实现降低，这种需要两个公司共同合作的行为就被称为跨组织的改善成本管理。改善成本法的跨组织应用是通过大量的信息共享和合作机制，挖掘所有的成本降低机会。出于这个原因，经验丰富的购货商经常会为他们较为弱势的供应商提供帮助，帮他们建立起自己的改善成本管理。这种技术实践的传播表现了跨组织改善成本法的一个方面；而跨组织成本管理的另一个方面表现为，购货方的改善成本体系将购货方自己在市场中面临的降低成本压力转移给他的供应商。

作为目标成本法在产品生产阶段的延伸，在跨组织成本管理中改善成本法与目标成本法有一些相似之处。

首先，跨组织改善成本法同样是一种需要购货商和供应商共同合作的成本管理方法。在产品生产过程中，供应链上的所有成员企业都将共同实施改善成本法。这种合作使得企业可以实现在单独进行成本管理时所不能达到的成本节约。改善成本法的跨组织应用即可以由购货商发起，也可以由供应商发起。例如，购货商可以向供应商委派设计工程师或提供技术支持；供应商可以在购货商的配合下寻求新的部件设计方法。

第二，“价格传递机制”在改善成本法中依然有效。购货商的改善成本管理体系同样可以通过确定供应商的 KAIZEN 成本降低目标，将市场压力传递给它的供应商。所以，至关重要的是所有的参与者都要认为制定 KAIZEN 成本缩减目标的过程是公平的，并且制定的成本降低目标在大多数时间上都可以被实现，否则“价格传递机制”将失去效用。只是，在改善成本法中，购货商并不是针对于降低某一特定产品的成本，而是对所有的外包部件根据在市场面临的成本压力规定一个统一的成本降低比率，但有时也会利用成本效益原则，对价值相对较高的部件采用单独的成本降低比率。

但是，由购货商的改善成本管理系统为供应商指定的统一成本降低目标明显不同于由购货商的目标成本系统制定的部件水平目标成本。两种方式的差异反映了目标成本管理和改善成本管理在成本缩减能力上的三个根本不同。第一，目标成本管理可以比改善成本管理获得更大程度的成本降低。这主要是因为，在产品设计阶段比起在生产阶段，公司会有更大的空间对成本进行管理。

第二，如果任何产品设计阶段的成本缩减机会被错过了，则企业很难在以后的阶段中再次获得。因为产品一旦设计完成，主要的成本就确定了。所以，除非在产品设计阶段实现了目标成本，否则直到下一批产品进行设计都不可能有其他机会了。相反，绝大多数生产阶段的成本缩减是通过完善生产过程实现的。所以，成本降低活动并不仅局限于某一期间，如果成本的节约目标没有在某一年中实现，则只要该生产程序仍然使用，在以后的年度中仍可以获得成本降低机会。基于这种情况，很多公司都根据当时（现时）的市场情况制定 KAIZEN 成本节约目标，并将其有规律的安排至每一年，而不是针对每一外包产品设置一个明确的目标。虽然，这样针对于每一批次产品的成本节约很小，但一段时期的累积成本节约可能会大于目标成本管理，而且企业有多年的时间去实现它们。

第三，由于供应商经常将产品卖给不同的购货商，他们可能运用不同的 KAIZEN 成本降低率。这些不同的比率会被供应商的改善成本管理系统平均化，然后再向他的下一级供应商提出一个适当的 KAIZEN 成本降低率。根据这个原因，供应链的改善成本管理在企业之间只是相互关联的，而不能像目标成本管理那样在相关企业间实现首尾连接（图 5-5，图 5-6）。只有像目标成本系统那样针对于单独产品进行成本降低，并对组成该产品的零件制定明确的成本降低目标，真正的链接才能实现。

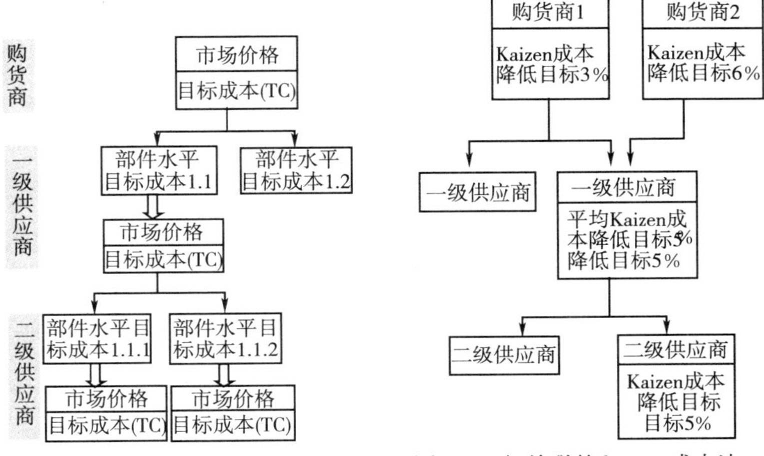


图 5-5　供应链目标成本法　　　　图 5-6　相关联的 kaizen 成本法

像其他组织间成本管理技术一样，改善成本管理的实施既可以由购货商发起也可以由供应商发起。对于由购货商主导实施的改善成本管理，购货商既要提高供应商降低成本的能力，又要为其创造成本降低的机会，这些机会对于供应商自身可能是没法得到的。比如，购货商可以向供应商企业委派工程师，提高其部件的设计能力；或者确定所有供应商和其自身在产品生产中都需要外购的零件，统一安排采购，通过提高综合购买力来获取更大的折扣。

而对于由供应商主导实施的改善成本管理，他们则需要购货商进行合作，找出新的生产组件的方式以降低供应链的总成本。比如，在某些方面改变产品的设计，或调整生产的程序等等。

## 5.4　作业成本法在产品核算中的应用

基于供应链实施作业成本法，并不算是跨组织成本管理中的一项约束机制，但它是进行供应链成本管理时不可或缺的一种核算管理手段，对目标成本和KAIZEN成本目标的制定和实现有着十分重要的作用。

作业成本管理（Activity-Based Cost Management）是在作业成本计算的基础上于20世纪80年代发展起来的。在传统的成本管理中，作业成本法是一种以成本动因为基础在产品中分配作业成本的方法。但是从供应链管理的视角，企业既需要考虑产品的生产成本又需要考虑企业之间的交易成本，从而扩大了成本对象和成本构成的范围。产品总成本可以划分为三个成本层次：直接成本、间接成本（作业成本）和交易成本（如第一章图1-2）。在供应链环境下的作业成本管理注重客户的需求、供应链中的成本动因分析和作业分析，根据客户愿意支付的价格提供相应的成本构成，在客户满意的情况下确保有所盈利。当然，这也就需要所有供应链企业在相互信任的基础上密切合作，共同分析重要的作业，进行透明可视化的成本计算，站在供应链整体角度上提出改进方案。

供应链作业成本管理的实施步骤可以简述如下。首先，供应商和购货商可以共同组成作业分析小组，对产品的各个作业进行描述，分析作业的必要性。然后，运用作业成本法计算各个作业的成本，这些计算对于供应链的合作伙伴是透明的、彼此都能看得见的。通过确定、分析战略成本动因，企业不仅可以将总成本在不同产品中进行分配，还可以在购货商和供应商之间分配交易成本。因此在供应链管理中，作业成本法使得企业的产品成本核算更为准确。最后，利用作业成本计算的依据，分析作业的增值性以及增值的程度，进一步改善增值作业。

供应链作业成本管理的本质是从产品或劳务、客户的视角对作业进行分析，分析不增值作业和增值作业以及增值的程度，从而消除供应链上的“瓶颈”，提高整体效益。作业成本法是企业实现控制和降低供应链总体成本的基础，它为目标成本管理和改善成本法的有效实施提供了精确的核算基础，同时根据作业分析可以对产品的成本管理进行定位，使得供应链成员企业的成本优化工作有的放矢。

## 5.5 本章小结

跨组织战略成本管理是一种新的理念，它综合借鉴了供应链管理、跨组织成本管理和战略成本管理的思想。其目标是在产品生命周期内通过协调供应链中各个企业之间的成本管理活动使得总的供应链成本降低。跨组织战略成本管理主要是通过三种方式实现成本的降低：

（1）使供应商参与到产品设计过程，发现设计产品的新方法，实现以更低的成本生产产品；

（2）通过在产品生产阶段的进一步合作，寻找更多的成本降低机会；

（3）提高供应链接口的效率。

在实践过程中，供应链上的企业应该综合利用上述不同的成本管理方法，而不是只孤立地采用其中某一种技术。这种成本管理技术的综合应用可以使供应链企业实现高度的信息共享，有效地控制供应链的总体成本。

# 第六章　基于供应链的跨组织成本管理合作机制

在目标成本法和改善成本法中的“价格传递机制”是将市场压力传递给供应商，自动地将购货商和供应商的成本管理活动结合起来的过程。但是，当由购货商的成本管理体系确定的成本降低目标不恰当时，供应商可能会单方面放弃合约或者以质量降低为代价完成成本降低的任务，此时成本管理的链接就会被限制甚至被切断。只有当购货方对其供应商施加显著但可行的压力时，目标成本管理才能实现其效果。所谓合作机制就是通过成本信息的高度共享提高实现目标成本能力的技术。

## 6.1　产品设计阶段的合作机制

当供应链上所有企业的目标成本管理系统链接起来时，就形成了目标成本链，他是产生和传递目标成本，降低压力强有力的一种方法。但是，目标成本链的本质限制了供应商可以修订组件设计的自由程度，因为组件的价格、性能和质量都是由购货方指定的。这样，供应商的产品工程师必须要在不对组件设计做大量修改的前提下，寻求到节约成本的制造方法。这种方法虽然使得双方企业的工程小组可以独立的完成工作，但同时这种独立性也限制了设计小组之间的协调性和信息共享程度。

当购货方设计的组件给供应商带来不必要的高成本时，目标成本链的效果就会受到限制。这种不合理的设计通常是由于购货方缺乏对于整条供应链生产经济性的意识。由于购货方的设计无法发挥出供应商的全部生产能力，所以供应商无法选择在最优的生产流程下生产组件。当购货方的设计使得供应商无法产生充分的利润时，这个局限性就会成为阻碍目标成本发挥作用的一个障碍。此时，供应商在目标成本链下只能有两种选择：一种是拒绝接受此订单，遵守“拒绝无盈利产品”的原则；另一种是通过谈判争取得到更高的价格，这一般是很难实现的。但是，在供应链目标成本法的范围之外，还可以有第三种选择——就是通过合作机制提高企业间成本信息的共享程度，协调组件的设计或成本，提高实现目标成本的能力。

### 6.1.1 性价比权衡取舍

性价比权衡取舍（Functionality-Price-Quality trade-off, FPQ trade-off）是指，购货商愿意与供应商沟通、协调，放宽之前所要求的部件性能和质量水平，对组件的功能、成本和质量重新平衡的一种方法。使得供应商更易于实现部件水平的目标成本，从而获得满意的利润水平。由于很多时候购货方在进行成本管理时没有把供应商的生产流程纳入考虑范围，因此，可能会在产品部件层次上做过度严格的要求规格，或设定对于供应商而言不恰当的目标成本。此时，为了维系双方的合作关系，实现供应链目标成本管理的效用，就要在供应商和购货商之间开展性价比权衡取舍。

对于供应商企业而言，只有确保盈利性的产品才会投产。如果购货商设定的目标成本无法完成，那么就要尝试可不可以提高售价，这样目标成本也就可以相应提高了。如果提高售价不可行的话，那么就应该尝试可不可以降低部件的性能或质量，但同时不改变最终产品的性能和质量，这样目标成本也就可以相应降低了。

这一过程需要买卖双方通过沟通、谈判来实现。为了维持合作关系，购货方可能会对过分限定的部分作出一定的让步，使得供应商可以在更易于接受组件规格说明的同时，完成部件的目标成本。或者可以通过购货商与供应商的合作努力，共同设计出最为合适的设计变更。但是按照购货商要求，这种可以接受的性能和质量水平的降低对于最终顾客而言必须是不显著的。

如果不可能通过部件质量和性能的降低，使得供应商获得满意的利润水平，那么购货方只有选择暂时放宽目标成本，即接受供应商较高的部件售价。很多时候为了使供应商可以生存下去，购货商采取这种放宽是必要的。其目的是使供应商在获得利润的同时，仍然有充分的降低成本至目标成本的压力。

除了以上两种比较常见的方法，性价比权衡取舍有时也可以通过增加组件的价值使得购货方增加组件层次的目标成本。增加部件的价值可以采用两种方法。

第一，增加的性能或者质量可以使购货方设定更高的销售价格。售价的提高可以导致产品和部件层次目标成本的提高。第二，可以通过降低购货方成本的方式增加价值。

### 6.1.2 组织间成本调查

组织间成本调查（Inter-organizational Cost Investigations，ICI）是指供应链企业设计团队为了尽可能地降低成本，共同研究成本降低新方法的活动。实行组织间成本调查的企业都需要有供应链目标成本系统的背景。由于在目标成本体系中部件的销售价格、功能质量水平都是由购货商制定的，这在一定程度上限制了供应商修改产品设计的能力。在“拒绝无盈利产品”的规则下，企业应该拒绝那些无法实现目标成本的订单。虽然上文中提到的性价比权衡取舍机制为供应商和购货商之间提供了一定的合作机会，但是在很多时候仍然不足以解决成本降低问题。当供应商无法通过谈判或性价比权衡取舍取得可以获利的价格时，就会出现组织间成本调查（图 6-1）。

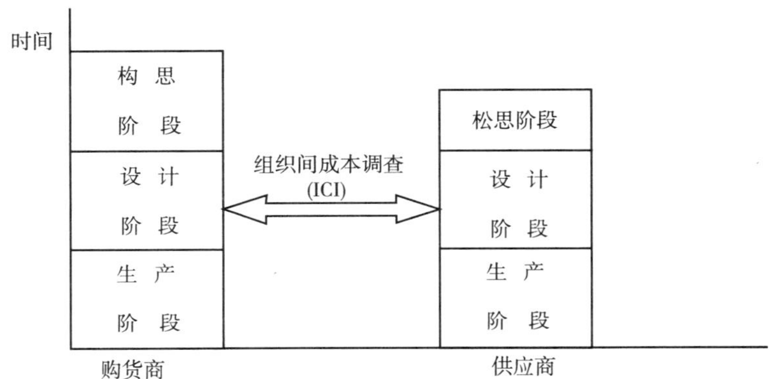


图 6-1　组织间成本调查

组织间成本调查是通过增加产品和部件设计的变动幅度来发挥其效力的。在目标成本链下，最终产品的规格基本上是固定的。虽然通过性价比权衡取舍，可以适当放宽组件规格的性能和质量标准，但购货方必须不很在意这些变动，尤其是这些变动在最终顾客的眼里是不影响产品的性能和质量的。但是，当需要对部件进行更根本的变动时，例如，购货方必须通过修改最终产品的某些方面才能适应这些变动，那么就需要进行组织间成本调查才能实现了，此时就需要购货方和供应方的设计小组携手合作来确定哪种设计变更是购货方可以接受。总体来说，供应链目标成本系统可以为链上企业寻求降低成本的机会，而组织间成本调查的实施可以提高企业完成预先定义目标的能力。

在这个过程中，企业的设计团队之间会在设计阶段开展更为密切的合作，比如举行商务会议，委派设计工程师等等。通过大量的成本信息共享，组织间成本调查可以有效地在企业间重新分配作业，完善部件的设计使其更加的节约成本，使得部件设计从原材料到最终产品的整个过程中都更有效率，说得更加正式一些，这样的合理设计反映了链条整体的生产经济性，从而最终实现购货商设定的目标成本。

组织间成本调查的成功主要依靠三个因素。第一，运用组织间成本调查的部件必须价值很高，从而保证设计小组进行重新设计的努力不会白费。当购货方与供应商的产品设计师联合起来进行跨组织成本调查，那么就可以将成本节约贯穿到整个供应链。但是，组织间成本调查也要耗费大量的财力和人力，因此跨组织成本调查一般只发生在购货方与其主要供应商或者子公司之间。

第二，部件的生产过程必须跨越供应链上至少两个企业，并且购货方与供应商之间的关系必须是精细型的，即稳定、合作和互助互利。跨组织成本调查需要供应链上的企业具有高度合作性和互相信任的关系。供应商必须愿意让购货方的设计师了解本企业产品的生产工艺和成本信息。反过来，购货方也必须愿意让供应商的设计师在新产品投产以前预先知道未来产品的设计并提出意见。这种高度的成本信息共享需要双方之间高度的信任。如果这种信任被破坏，那么企业参与组织间成本调查的积极性会大大地降低。

最后，供应链成员企业之间必须约定规则，以确保通过成本信息共享获得的超额利润可以在所有企业之间进行合理的分配。如果供应链上最有实力的企业应用这个信息独占所有的利润，那么其他企业将不再愿意参与到这样的调查中来。约定“供应链规则”在确保组织间成本调查成功方面起着非常重要的作用。这个规则保证了链上的企业是为了整个供应链的利益而努力，而不是为自身的利益开展工作。即使无法保证利益可以平均进行分配，规则至少可以保证参与成本调查的企业可以获得比以前更多的利润。

组织间成本调查的最初意义在于成本信息的高度共享和购货方与供应商之间实力的平衡与转移。信息共享程度的提高是开展组织间成本调查所必需的，因为需要对部件设计进行更根本的变动。但是共享成本信息会存在这样一个风险：供应链上实力较强的企业可能会利用这些信息来为自身的利益服务。

所以，供应链目标成本法和组织间成本调查的最主要区别就在于：在组织间成本调查中，供应链核心企业了解产品的销售价格、生产成本和供应商的利润水平；而在供应链目标成本法下，成本信息不会在购货方与供应商之间公开共享。从理论上说，购货方是不会关心供应商的利润水平的，他们关心的只有供应商是否能够完成部件层次的目标成本。

通常，供应链上所有企业都会发现组织间成本调查带来的好处，大部分企业相信其可以增加整个供应链的效率，从而增加整体利润。但是，从供应商的角度看，他们必然会增加与购货商共享的成本或其他方面的信息量，实力较强的企业可能会利用这些共享的成本信息为自身利益服务，而牺牲实力较弱企业的利益。这样就存在潜在的风险：他们可能会渐渐丧失实力，造成供应链上企业的实力悬殊。

因此，实现成本信息的高度共享需要企业间的互相信任。供应商必须相信购货方不会利用成本信息来设定利润空间十分有限的部件水平的目标成本。为了维护这份信任，购货方必须尽量约束其目标成本流程，不能应用组织间成本调查中获得的额外信息。如果在实施了组织间成本调查后，部件层次的目标成本反映出了供应商的潜在经济情况，给予的利润空间十分有限，那么供应商应该拒绝参与组织间成本调查。此外，一旦组织间成本调查完成，目标成本也完成，两个企业的信息共享程度也就会恢复到自然水平。

### 6.1.3 同时成本管理

从供应链目标成本法到组织间成本调查，都增加了从最终产品到零部件过程中设计变更的范围。但是，这两种技术仍然在一定程度上限制了供应商能够影响购货商产品设计的能力。这种限制主要是由于供应商过晚的参与到购货方所需产品的开发过程之中。因为参与过晚，经常使得供应商不能有效地推行减少成本的方法，这些方法通常都要求购货商对最终产品进行一些根本的修改。如果供应商能够更早的参与到产品设计的过程之中，就可以消除这种限制，因为这样供应商就能够及时地提出设计变更的建议，并使得这些变更能够在产品设计时采纳。通过实施同时成本管理（Concurrent Cost Management，CCM），可以使供应商更独立地完成部件开发工作，并且获得更多的时间和自由重新设计产品，这是一种能充分挖掘供应商潜力的成本管理方法。

同时成本管理是加强供应商和购货商之间合作的一种强有力的方法，特别是当购货商准备将一个主要的功能或者一组部件的研发外包出去的时候。在实施同时成本管理的过程中，供应商早在产品开发的构思阶段就参与了进来（图 6-2）。这有利于帮助供应商要求从根本上改变最终产品的设计，从而抓住更多的成本降低机会。并且当企业需要时，可以同时采取组织间成本调查和同时成本管理。

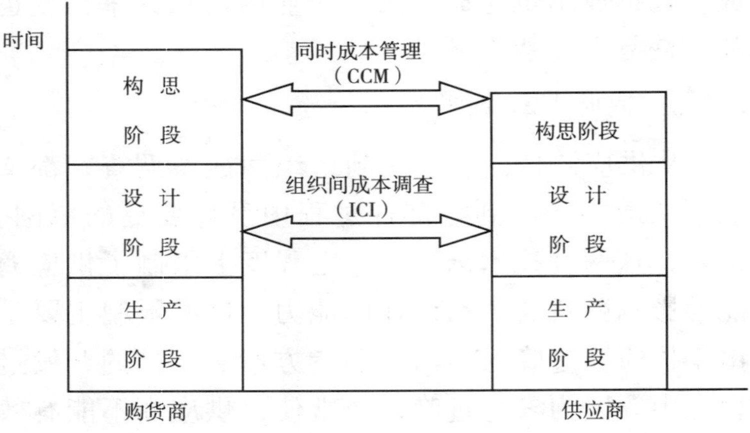


图 6-2 同时成本管理和组织间成本调查

比起其他跨组织成本管理程序，在同时成本管理下目标成本的沟通更具实质性，而不是硬性的规定。传统的目标成本法中，供应商要对单个部件水平的目标成本负责；而在同时成本管理下，单个部件的目标成本被加总，供应商只负责总的目标水平。这种方法的优点就是供应商可以选择压缩那部分的成本，为供应商提供了更多的自由。在这种情况下，稳定、融洽、互利的买卖关系就变得至关重要。

根据购货商和供应商设计团队之间的独立程度，同时成本管理可以有两种不同的方式[5]：并行工程和同时工程（表 6-1）。对于这两种方法的选择，取决于购货商和供应商的设计团队之间进行合作所能产生的利益。如果这种合作的价值很低，则公司会采用并行工程的方法，其设计团队独立进行工作。如果这种合作的利益很大，则会选择同时工程的方法。

**同时成本管理的方式** 表6-1

| 同时成本管理 | | 独立性 |
|---|---|---|
| 并行工程 | 根据购货商对部件设定的高水平规格要求和捆绑式的目标成本独立设计部件 | 强 |
| 同时工程 | 购货商和供应商的设计团队共同工作以开发最优的部件设计 | 弱 |

(1) 并行工程

在并行工程中，购货商向供应商提供主要功能的简要规格说明，使得供应商能够对该主要功能进行单独设计。供应商的设计团队可以对产品设计进行任何调整，只要这种调整不会导致购货商对外包的主要功能部件的高层次规格要求发生变化。并行工程的主要优点是使得供应商的产品开发循环与购货商相分离，他们之间的主要合作出现在产品开发过程的开始。但是，如果需要额外的合作，则任何一方都可以在以后的进程中开展组织间的成本调查。

(2) 同时工程

同时成本管理的第二种途径是同时工程。在这种方法中，购货商和供应商的设计团队共同工作，确定对双方都有利的最终产品和外包功能部件的设计方案。相对于并行工程而言，同时工程的根本优势在于两个设计团队从产品开发的构思阶段就开始紧密合作而形成一种能力，通过这种合作可以更迅速的引入新产品。因为在这种管理方式下，购货商不需要等到进程的后期再对供应商的设计进行检测，可以及时发现不足并令其进一步完善。

当采用同时工程管理方式不能完全取代组织之间

的成本调研时，可以将这两种程序进行很好的融合。这两种程序的唯一区别在于设计变更的程度及这种变化在产品开发过程中发生的早晚。

作为同时成本管理的两种方法，平行工程和同时工程有着相同的优点和不足。第一个优点，就是为供应商提供了更充足的时间设计他们的产品，并且有更多的机会去降低成本。第二，使得供应商能够独立于其客户的产品开发过程，独立开发新一代的自身产品。第三，由于购货商和供应商同一时间开始产品开发流程，加快了新产品的推行。最后，由于这两种方法允许供应商将成本管理延伸到所有客户的产品生产上，因此有效地降低了总成本。公司有更长的时间开发新技术，这些新技术是可以用于他们所有的产品，而不是针对于某一具体客户的短期措施。

主要缺陷是，购货商会失去保持自身产品差异化的一定能力，这种产品的差异性主要是由于拥有生产产品主要功能的专利技术而产生的。而专利技术的流逝会对竞争行业产生严重的影响，因为供应商也会将他们的产品卖给其他厂商，他们可能是购货商直接的竞争对手。而在垄断行业，这个问题就没有那么严重，因为供应商一般是其专用的。但是，只有当该专利技术被视为是企业的核心竞争力，否则同时成本管理的这个缺陷是可以被忽略的。

综上所述，产品设计阶段的跨组织成本管理中，第一步是要通过供应链目标成本法确定供应商的部件水平目标成本，并以此将市场压力传递给供应商。目标成本法的实施使得企业在以市场价格销售产品时，能够获得满意的利润水平。当目标成本对于供应商而言是不可实现的时候，有三种合作机制可以采用：性价比权衡取舍、组织间成本调查和同时成本管理。这些技术可以有效地加强购货商和供应商之间的合作，提高信息共享水平，从而设计出更为成本有效的部件，帮助企业实现目标成本（图6-3）。

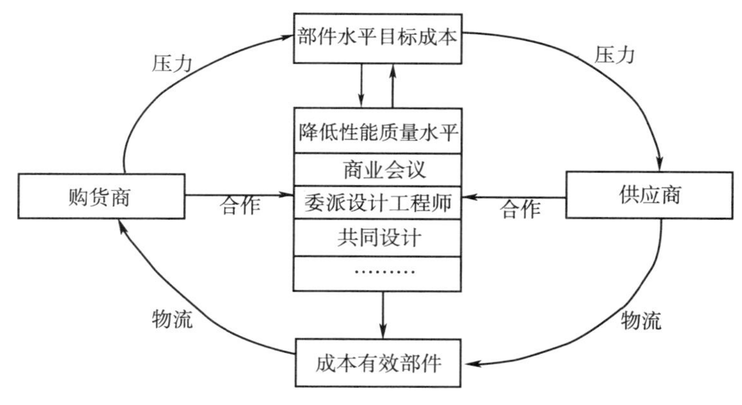


图6-3　产品设计阶段的成本管理

但同时需要注意，通过运用合作机制每个企业发生的成本内容可能会发生变化，因而需要修改各组件或部件的目标成本。一个企业的成本可能增加，另一个企业的成本则可能会降低，因此每个企业也要调整相应的目标成本，重新分配成本降低目标。

## 6.2　产品生产阶段的合作机制

在跨组织改善成本管理中，缩减成本的活动必须是购货商和供应商共同合作完成的，其开始于购货商向供应商传达自己急切的希望他们能将产品的销售价格降下来的想法，从而将来自于市场的成本缩减压力传递给他们。与目标成本管理一样，所有的参与者都要认为制定 KAIZEN 成本缩减目标的过程是公平的，并且最后的目标在多数情况上都可以通过努力被实现。如果目标定得过高，则改善成本管理就失去了作用。

当 KAIZEN 成本缩减目标不能实现的时候，企业除了拒绝接受此订单，还可以在供应链成本管理中引入价值工程。运用价值工程进行供应链成本管理的环节选择，不同于一般的价值工程的活动。我们把供应链的环节作为一个独立完整的“产品”来看，而不是去提高某一产品的价值，通过对“产品”功能、成本进行分析和评价，比较选出价值高的“产品”。也就是说，我们不是去提高某一供应链环节的价值，而是对各个环节所能实现的功能和成本进行分析和评价，以能给企业带来最大价值的供应链管理环节作为最先实施的环节，并按照比值从高到低依次实施其他环节。我们在这节中将主要介绍企业在生产阶段，作为一种合作机制实施价值工程。

### 6.2.1 价值工程概述

价值工程（Value Engineering）是作用于产品生产阶段最主要的合作机制，又被称作为价值管理或价值分析，这是一门新兴的管理技术，是一种研究利用最低的成本实现产品的必要功能，以提高产品价值为目标的技术经济分析方法。我国在价值工程的国家标准（GB 8223—87）中指出：“价值工程是通过各相关领域的协作，对所研究对象的功能与费用进行系统分析，不断创新，旨在提高研究对象价值的思想方法和管理技术”。它要求摆脱企业系统现有状态的束缚，重新展开系统的功能成本分析，倡导用户至上、员工参与、相互协作、充分利用信息和人力两大资源，不断地进行系统创新，提高系统价值，提供能够满足客户需求的价廉物美的产品或劳务，以更好地适应环境的变化。这种技术被广泛应用于工程项目、生产系统、新产品开发、服务管理等领域。

价值工程是一种以产品为导向的管理技术，通过系统的分析产品性能，是在保持产品所要求功能的前提下，实现降低产品成本的一种有效途径。其所谓的价值是一种评价标准，是指产品的功能或效用与为获得此项功能所必须投入成本或费用之间的关系，是用来评价某一功能与实现它的耗费相比合理程度的尺度。价值工程的表达式为：

价值（$V$）＝功能（$F$）/成本（$C$）

上述公式中，功能被看作是产品或服务能够满足客户需求的一种属性，相应的成本是指该功能在整个生命周期的总成本。

价值工程的实施流程可以包括以下几个步骤。第一，选择对象。价值工程的最终目标是提高企业的经济效益，所以，并不是对所有不能实现 KAIZEN 成本降低目标的产品都进行价值分析，一般应优先考虑企业生产经营上迫切要求改进的主要产品，或者是对企业的经济效益影响较大的产品。主要的方法有，经验分析法、作业成本法、百分比法等等。第二，收集信息情报。其目的在于了解对象和明确范围，并为进行功能分析，设计、评价创新方案等之后的步骤准备必要的资料。第三，功能成本分析。从功能入手系统的研究、分析产品和劳务，这是价值工程的主要特征和方法的核心。即对产品的每一个功能和为实现该功能所付出的成本进行比较，实现效用和成本之间的平衡。因此，价值工程并不是单纯的强调产品的功能效用，也不是盲目追求降低产品的成本，而是力图实现他们两者的有机结合。在进行功能成本分析的基础上，进行创新改革，获得用最低的成本可靠实现产品功能的方法和手段，提高产品的价值。第四，方案创新。即从改善产品价值出发，针对应改进的具体目标和以建立的目标成本，通过创造性的思维活动，提出能够以最优成本实现功能的各种各样的改进方案。

### 6.2.2 基于供应链的价值工程

在企业的生产阶段，当 KAIZEN 成本降低目标被供应商视为是不可实现的时候，便应该在供应商和购货商之间开展价值分析。通过企业之间的沟通合作，可以发现更为有效和成本节约的途径以生产规定功能的产品，从而达到帮助企业实现 kaizen 成本降低目标的目的，并且提高整个供应链的绩效水平。

通过价值工程，有两种途径可以优化产品成本。首先，通过剔除无效部件，或者重新设计部件使之在保持原有的功能水平的前提下消耗更少的资源来降低成本。进行剔除、修改的主要备选对象是那些耗费高而效用很低的部件，但是由于产品的设计已经在研发阶段完成了，所以这些部件设计的变动不能影响最终产品的功能。也就是说，在产品生产阶段通过价值工程对产品设计进行的改进，只能是作为对在设计阶段供应链企业之间进行合作的一种补充。

其次，企业可以通过价值工程，对产品的生产流程进行完善来进一步实现 KAIZEN 成本降低目标，这是企业在生产阶段利用价值工程的核心。供应链企业可以在组织间开展价值工程，对产品的生产作业进行价值分析，从而基于整条供应链重组产品的生产流程，并以此来实现供应链成本的优化。主要有以下几种途径：第一，如果在供应链上的某些企业进行某种特定的生产作业会更有效率，那么把这些作业转移到那些企业进行就可以降低总成本。第二，如果并行两种生产作业可以降低成本，那么调整其中一种作业使之可以与另外那种作业同时进行，就可以达到降低总成本的目的。第三，可以通过价值分析消除一定的生产作业，简化生产流程；或者将生产流程尽量的标准化，对于重复率高的作业应尽量采用自动化的流水操作，这样也能达到减少资源耗费的目的。

例如，购货方可以在本企业内部设立加工程序，因为这样比供应商进行加工要节约成本。当生产作业发生这样的转移时，购货方的成本会增加，而供应商的成本会降低。但是增加的成本会低于降低的成本，因此，供应链总成本还是会降低的。为了对成本的转移进行补偿，购货方会下调组件层次上的目标成本，通常调低的幅度会大于供应商节省的成本。这种目标成本的调整可以使供应商更加易于完成组件的目标成本，同时购货方和供应商也都可以由此获得利益，从而实现供应链整体绩效的提高以及收益的共享。

同样，在整个供应链上实施价值工程，最为重要的就是进行购货商与供应商之间的合作与沟通，提高成本信息之间的共享。企业可以通过举办交流会议、开展脑力风暴，使得两方的生产小组共同开展价值分析，达到事半功倍的效果。当然这种合作仍然是具有一定的风险，强势的一方可能会利用信息共享的机会为自己谋得利益，从而破坏供应链中的利益平衡。因此企业之间应该保持相互的信任，并且启动相关的约束措施，以防止这种情况的发生。

## 6.3 基于供应链的跨组织战略成本管理体系构建

通过研究跨组织成本管理、战略成本管理理论，以及相关的供应链成本管理方法，我们将以精益供应链的核心企业为例，建立一个基于供应链的跨组织战略成本管理方法体系的框架（图6-4），将成本管理从企业内部扩展到了整个供应链的成员企业之间，贯穿于产品的整个生命周期。

简单地讲，该供应链成本管理方法体系是将作业成本法作为供应链成本管理的核算基础；通过跨组织成本约束机制将是将最终企业所面临的市场竞争压力贯穿于整条供应链之中，促使企业的成本管理达到必要的水平，实现成本降低的目标；同时，通过运用跨组织成本合作机制提高成员企业之间的沟通和协作，从本质上将购货商和供应商的成本管理活动结合起来，提高成员企业成本降低的能力，最大限度发挥各成本管理方法的优势，实现优化供应链总成本的目的。

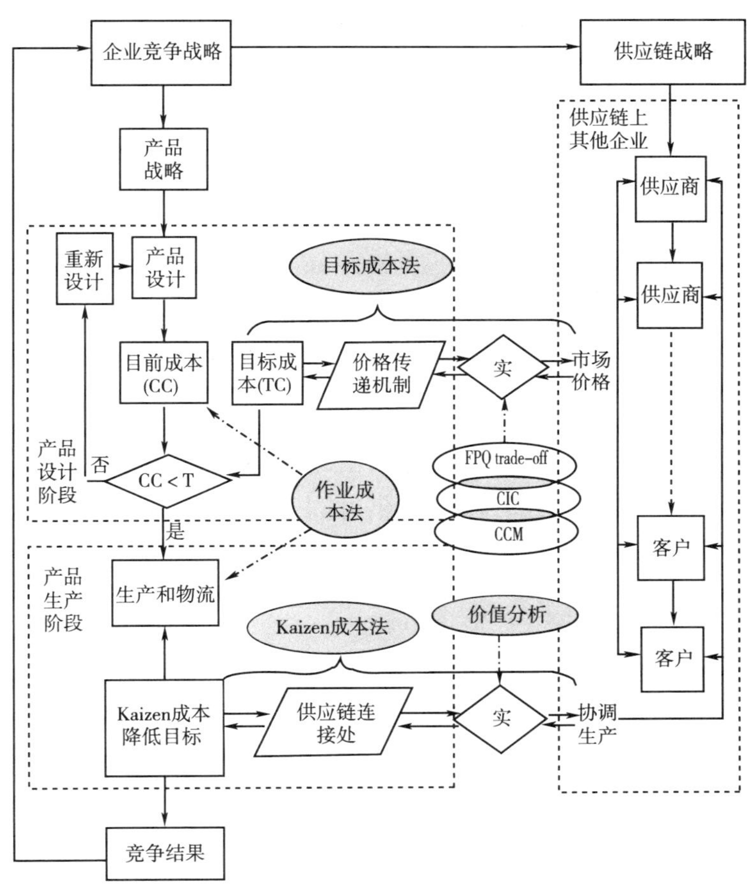


图 6-4　基于供应链的跨组织战略成本管理体系

## 6.3.1　供应链战略定位

战略定位是指企业在市场竞争中采取何种竞争战略。对于供应链管理而言，企业战略定位问题是解决多个企业的竞争组合问题，即如何在特定的供应链上实现最优的战略定位组合，使之实现整个供应链资源的优化配置和整体利润最大化的问题。

首先，作为核心企业需要通过分析市场的竞争环境，并结合自身的实际情况进行行业的价值链分析，研究本企业在行业价值链中所处的位置，所具有的优势和劣势，从而明确自身的重点发展方向和企业的基本竞争战略。然后，作为供应链中的一个成员，企业应该根据自身的总体竞争战略分解设计出相应的产品发展战略和供应链管理战略，并与相关成员企业建立良好的合作关系。在此基础上统筹规划供应链上各成员企业所应具有的能配合核心企业实现供应链整体目标的能力和竞争优势，实现供应链上企业的战略定位组合的最优化。最后，企业根据竞争战略开发和生产产品。在这个过程中，企业可以基于供应链运用不同的跨组织成本管理方法以实现最优的成本管理和控制，成功地将产品引入市场。

### 6.3.2 跨组织战略成本管理方法体系的实施

该跨组织成本管理方法体系的实施，首先要保证在供应链上的所有成员企业都实施作业成本核算系统，即以作业成本法为基础，对各企业从采购、生产到销售的各个活动以及供应链上企业间的各种交易活动进行核算。对企业内部的生产活动和企业间的交易活动实施作业成本法的程序大体上都是一致的。

第一步，是把各种企业的活动都划分为一个个的作业，并对同质、相关的作业进行合并形成作业中心；第二步，将各种资源耗费所产生的成本按照确定的资源成本动因分配到各个作业中心，形成作业成本库；第三步，是分析并确认作业库的成本动因，把各作业中心归集的成本按照作业成本动因分配到各个产品，并通过分析企业的不增值作业和增值作业及其增值的程度，有效地进行成本优化。这就是简单的作业成本计算流程。但需要注意的是，从供应链管理的视角，企业既需要考虑产品的生产成本又需要考虑企业之间的交易成本，从而扩大了成本构成和作业分析的范围。使得企业进行供应链成本管理时可以清晰地了解与哪些企业之间的交易成本过高，应该如何改进。

跨组织成本管理方法体系中的作业成本法通过作业分析可以有效地消除不增值作业，提高供应链的整体效益。同时，为供应链成本管理提供了准确、详细的成本核算信息，对运用供应链目标成本法和改善成本法进行成本管理活动提供了最基本也是最重要的“核算”保障。

作为跨组织成本约束机制的供应链目标成本法和改善成本法是供应链成本管理方法体系的核心，通过建立价格传递机制可以有效地将市场的竞争压力贯穿于整条供应链，即产品的整个生命周期，从而为企业的成本管理指明了方向，激励整个供应链上的成员企业变得更加有效率。同时，将供应链成员企业的成本管理和控制活动有效地连接起来，从本质上实现供应链成本管理。

供应链目标成本法主要作用于产品的设计研发阶段，其实施主要经过以下步骤。首先，供应链核心企业通过对市场供需情况进行充分调查和分析，以确定产品的目标销售价格；然后，根据企业的利润计划、旧产品的利润水平以及市场水平等指标确定产品的目标利润，进而确定产品的目标成本；最后，把该目标成本合理的分配到零部件水平，通过价格传递机制将成本降低压力传递给供应商，贯穿于整个供应链之中。由于价格传递机制的作用，目标成本管理在供应链成员企业之间是首尾连接的。因此，在供应链目标成本法的实施过程中，应该十分注重企业间的协作和信息共享，缩减成本的活动必须是购货商和供应商共同合作完成的，使得设定的成本降低压力在供应商眼中是合理，是通过一定努力可以实现的，否则目标成本链将会被“切断”，目标成本法的约束性也将失效。

改善成本法作为产品生产阶段的跨组织成本约束机制，是供应链目标成本法在产品生命周期中的延伸。其实施步骤与目标成本法基本类似，是根据核心企业在市场中面临的竞争压力和生产的实际情况对其供应商设定一个统一的成本降低比率，通过持续完善产品的生产过程，实现成本降低目标。目标成本法和改善成本法的紧密合作，可以确保足够的成本降低压力贯穿于产品的整个生命周期阶段。

值得注意的是，无论是在实施目标成本法还是在改善成本法的过程中，都要以作业成本法提供的成本信息为依据，同时强调供应链上各成员企业之间的通力合作。尤其是当对供应商设定的部件水平目标成本或 KAIZEN 成本降低率被认为是不能实现时，就更需要加强企业间的成本信息共享与合作，此时就需要在供应链企业间引入跨组织成本合作机制，它为供应链目标成本法和改善成本法的顺利实施提供了有效的“合作”保障。

在产品设计研发阶段，主要的跨组织合作机制是性价比权衡取舍（FPQ trade-off）、跨组织成本调查

（ICI）和同时成本管理（CCM）。这三种跨组织成本管理方法在加强供应链成员企业之间合作的能力上是成递增趋势的，其本质都是通过展开供应商和购货商的沟通协作以增加产品和部件的设计变动幅度来发挥效力的。企业在引入合作机制时，具体的合作形式多种多样，比如可以向供应商提供技术支援，向供应商委派技术工程师，或者使购货商和供应商的设计团队共同合作以找出更为优化的产品设计方式。一般情况，通过谈判购货商会接受一定的产品设计变动，使得供应商能够有效地完成目标成本。同样，在产品生产阶段企业仍可以通过供应链的跨组织合作来实现成本降低。在这个过程中，主要的跨组织成本合作机制是价值工程。作为核心企业可以通过举办交流会议、开展脑力风暴，使得供应链的相关成员企业的生产小组共同开展价值分析，优化产品的生产程序，从而协助改善成本法有效地进行。

但企业应该注意的是，运用合作机制最为重要的就是进行供应链企业之间的合作与沟通，实现成本信息的高度透明。而这种合作业也必然具有一定的风险，实力较强的企业可能会利用这些共享的成本信息为自身的利益服务，从而破坏供应链中的利益平衡。因此，为防止这种情况的发生，企业之间应该保持相互的信任，并且启动相关的约束措施，自觉遵守诚信规则。否则企业间的合作不可能长久持续。

综上所述，跨组织成本管理方法体系中的约束机制、合作机制和作业成本法之间是相互补充、互为支撑的。其中成本约束机制中目标成本法和改善成本法在产品的整个生命周期中为企业设定了成本降低目标，并将其贯穿于整条供应链之中，通过一系列的成本管理活动以实现目标成本。而合作机制是对其的进一步补充，通过开展更为有效地跨组织协作、沟通，为供应链总成本的降低提供更为可行的方法，为目标成本管理和改善成本管理的有效实施提供合理的保障。然而，这些跨组织的成本管理活动都是以作业成本法提供的准确成本核算信息为基础的，尤其是精确到作业层次的成本信息，更是大大便利了目标成本的设定、分配，以及相关功能—价值分析的进行。因此，这个以跨组织成本约束机制为核心，以合作机制为保障，以作业成本法为基础的跨组织成本管理方法体系，能够有效的优化供应链成本管理，提升整条供应链的竞争力。

## 6.4 本章小结

基于供应链的跨组织战略成本管理方法体系的构建，综合借鉴了跨组织成本管理和战略成本管理两种管理思想，其目标是在产品的整个生命周期内通过管理和控制供应链中各个企业之间的活动使得总的供应链成本实现最优。并且，在供应链企业中应该合理分配由此产生的超额收益，使得在提高供应链整体绩效的同时，其中的各个企业也获得其应有的利益。

综上所述，该供应链成本管理方法体系主要是分为三个部分来实现总成本的降低：（1）将作业成本法作为供应链成本管理的核算基础；（2）将目标成本法和改善成本法作为跨组织成本约束机制运用于整个产品的生命周期，使得最终企业所面临的市场竞争压力贯穿于整条供应链之中，实现供应链总成本的降低目标；(3)运用跨组织成本合作机制提高成员企业之间的沟通和协作，使得成本信息在整条供应链上实现共享。在产品研发阶段，主要的合作机制有性价比权衡取舍、跨组织成本调查和同时成本管理等等，使得供应商参与到产品设计的过程，发现设计产品的新方法，实现以更低的成本生产产品；在产品生产阶段，通过价值工程的应用可以帮助供应商和购货商找到成本进一步降低的新生产方法。

在实践过程中，企业应该综合利用上述不同的成本管理方法，而不是只孤立的采用其中某一种技术。这种成本管理技术的综合应用可以使企业实现高度的成本信息分享，有效地控制供应链的总体成本。

# 第七章　第三方物流集成供应及其成本分摊

## 7.1　基于第三方物流的集成供应问题

### 7.1.1　集成供应的基本思想

在供应链管理环境下，人们越来越认识到库存管理的重要性。集成供应策略（I/S，Integrated Supply）于20世纪90年代初在维护、维修和操作（MRO）中出现，发展非常迅速，并在一些大型工程中得到应用。

集成供应是指大型企业（制造商或者分销商）通过集中的一个集成者提供统一物流服务并通过该集成者建立与其他供应商的合作关系。在最常见的集成供应形式中，有一个供应集成者或供应领导商，在确定了顾客的需求后，通过集成者（顾客的唯一接触者）来发展一个供应集团并负责给顾客提供所有的供应，其他供应商不能直接将货物运送给顾客[115]。

因为I/S是一个联盟，顾客和集成者一起工作来与供应商形成合适的关系，其中各方都必须获得利益。I/S的最大优势在于资源分配的优化，由于各合作企业都独立工作于其核心能力，如制造者独立于其制造功能，集成者处理补给和库存管理，其他供应商专心于其核心能力，因而各企业有更高的效率从而能给所有合作企业带来更大的效益。

当采购责任转给集成者后，顾客的补给费用减少了，这些费用被上推至集成者甚至供应商。但一个I/S的基本前提是集成者比顾客在补给上更有效率，虽然补给费用没有完全消灭，但由于每个公司工作于自己的核心能力从而使整个供应链费用降低了。

另外对顾客而言，可以降低大量的费用：

（1）降低了订货费用：顾客只与集成者接触，减少了寻资和订货的费用。

（2）无库存管理和费用：库存在顾客使用之前属于集成者，集成者保留物资所有权。

（3）提供更好的服务：集成者管理库存因而可以更好地参加到顾客的生产经营中去，可以更好地维持合作关系和保证售后服务如技术支持等。

而对集成者而言，由于顾客确定了，其需求预测就更可靠，其生产安排、战略计划等的准确性得以提高，从而降低了库存费用、管理费用等。其他供应商也从改进的集成者操作和订单中获得节省[115]。

GHodsypour[116]对多供应商条件下的集成供应商问题进行了研究，建立了该问题的混合证书非线性规划模型，并将该规划模型能够化为 $2n$（$n$ 为供应商的数量）个的可用 GINO 等软件求解的纯非线性规划模型。该模型隐含的假设是各供应商订货次数相等，因而利用该模型确定的是经济订货批量在不同供应商之间的分配。Kin 等[117]研究了在容量有限制条件下多供应商的订货量分配问题，建立了该问题的非线性规划模型，但该模型没有考虑订货成本和库存成本等的影响。

程海芳、张子刚[118]针对集成化供应问题，研究了供应链有限和集成供应商库容有限两个约束条件下，集成供应商的年订货量在不同供应商之间的分配问题，并针对不同供应商的经济订货批量问题，建立了该问题的非线性规划模型，提出了相应的求解方法。另外他们还在由供应商和制造商组成的两级供应链中引入集成商的概念，研究了需求不确定且价格敏感条件下基于集成供应商的三级供应链的协调问题，建立了满足渠道协调条件和集成供应条件的 RS 契约协调模型，利用该模型不仅可以确定产品的生产量和销售价格，还可以通过 RS 契约参数实现供应链利润的分配[119]。贺政纲等[120]讨论了和集成供应类似的采购联盟问题，通过比较采购联盟形成前后的相关总成本的大小，分析了联盟形成的动力，并针对不同的运输政策和存储政策，对联盟形成动力进行了比较分析。

### 7.1.2 基于第三方物流的集成供应

集成供应的一个重要问题在于，企业没有直接和供应商发生业务关系，失去了对供应商的直接控制。显然，对于企业重要的原材料或者零部件，企业并不愿意失去和供应商的联系，因此，在更多情况下，集成供应是被运用在企业备品备件或者辅助材料的采购管理之中。

第三方物流（TPL）的出现改变了传统的仓储、运输、托运和通关等单一功能的物流代理服务，为企业提供整体的物流服务。第三方物流企业的成功运作为集成供应模式在企业的应用创造了条件。按照“商流与物流分离”的原则，第三方物流企业只从事供应过程中的相关物流活动，而不参与相关的商流活动，从而使得集成供应的很多物流优势得到充分的发挥，另一方面，企业也不失去对供应商的控制。

在供应链核心企业（制造商或零售商）越来越重视 JIT 供应的情况下，各供应商往往要屈服于核心企业的谈判能力，而在核心企业周围设立库存，以保证对其的 JIT 配送供应。这种模式在核心企业实现零库存的情况下，大幅增加了供应商的成本，从整个供应链的角度来说，并不一定是最优的。事实上，供应商成本的增加总会以某种形式转嫁给核心企业。

基于第三方物流的多供应商条件下的集成供应模式就是在这种情况下降低供应链总成本的一种有效方式。对于处在同一地区的供应商，由一个集成供应商（一般是一个第三方物流企业）制订全部物流计划，按照供需双方的供求信息，负责将货物从各供应商到用户的运输、储存和管理，以满足用户（制造商或零售商）的需求。图 7-1 描述了从各供应商自行供货到第三方物流集成供应的转变。

第三方物流的集成供应问题在很多情况下都适用，主要表现在：

（1）大型制造企业的零部件采购与供应；

（2）大型连锁商业企业的大规模采购供应；

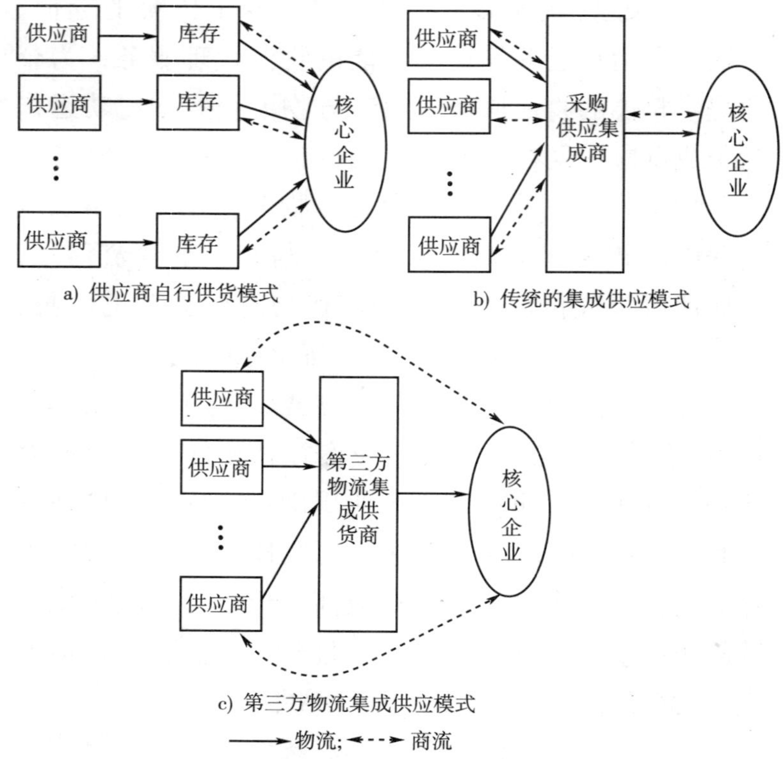


图 7-1　从供应商自行供货到第三方物流集成供应

（3）行业采购联盟的采购供应等。

对于基于第三方物流的集成供应，有几个重要的问题需要进行研究：

（1）第三方物流集成供应商的选择问题；

（2）集成供应的订货批量问题；

（3）考虑集成供应商的成本如何在各供应商企业之间进行分配。

本章就是要结合经济订货批量模型和合作博弈的思想，分析多供应商条件下第三方物流集成供应的成本分摊问题。关于第三方物流集成供应商的选择，将在下一章进行论述。

最初由 Harris F W 提出的 EOQ 模型其实是一种供应方与采购方利益对立的模式下提出的。而在供应链管理环境下，供应链中上下游企业应着眼于长远利益、本着相互合作与协调以实现整体库存成本最优的共同目标，制定相应的最优订货策略。多批次配送的生产运输方式可减少因庞大的库存而引起的损失、降低管理和保险等成本以及避免资金的长期积压。程海芳等人[118]通过建立非线性规划，研究了多个供应商条件下的订货问题，但没有涉及到供销之间的协调。陈娟等人[121]通过建立惩罚和奖励机制模型，重点研究了制造商和分销商之间的协调问题，该模型忽略了多批次多次运送的情况。刘钰琛等人[122]研究由多个供应商、单一分销商和单一产品组成的供应链的协调订货运输的问题，考虑了分销商的订货成本、库存成本、运输成本以及各个供应商的运营成本、库存成本，建立了该问题的非线性规划模型，并提出了求解方法。Aksoy 和 Erenguc[123]采用间接成组策略寻求一种最有基本周期的订货频率组合，使总的相关成本极小化，以达到多品种联合采购的优化。

对于集成供应的成本分摊问题，研究相对较少。Gurnani[124]进行了联合采购情况下的成本计算，但是没有考虑到制造商联合采购时可能发生的协调成本。李波等[125]利用合作对策的基本思路分析了行业采购联盟形成后所发生的费用分配问题。

## 7.2 基于合作博弈理论的集成供应成本分摊模型的建立

### 7.2.1 合作博弈理论

博弈论（Game Theory）也称对策论，是研究理性的决策主体的行为发生直接相互作用时的决策以及这种决策的均衡问题。也就是说，当一个主体（例如一个人或者一个企业）的选择受到其他主体的影响，而且反过来也影响到其他主体的情况下的决策问题和均衡问题。

博弈理论开始于1944年，由冯·诺伊曼（Von Neumann）和摩根斯坦（Morgenstern）合作的著作《博弈论与经济行为》[126]（Theory of Game and Economic Behavior）的出版标志着博弈论的真正形成，随后在Nash、Luce等人的研究中得到了不断的发展。Thmas指出[127]，博弈论虽然不能解决所有的冲突问题，但始终汇集着分析冲突现象的最有用的技术。

在博弈模型中，根据全体局中人的支付总和是否为零，分为零和博弈和非零和博弈；根据局中人是否合作，博弈可以分为合作博弈和非合作博弈。合作博弈和非合作博弈之间的区别主要在人们的行为相互作用时，当事人能否达成一个具有约束力的协议，就是说有没有一种biding agreement，如果有就是合作博弈，反之就是非合作博弈。合作博弈强调的是团体理性（collective rationality），强调的是效率（efficiency）、公正（fairness）和公平（equality）；非合作博弈强调的是个人理性，个人最优决策，其结果可能是有效率的，也可能是无效率的。

合作博弈分为两类：具有可转移效用的合作博弈和不具有可转移的合作博弈，其中可转移效用是指联盟中的各局中人获得的效用可以相互转移。这里研究的成本分摊的合作博弈模型是具有可转移效用的合作博弈，应用的工具是联盟型博弈，在理论上常常被称之为特征函数型博弈。

联盟合作博弈的重点是在群体中讨论何时联盟将会形成？联盟中的成员如何分摊整体的收益（或者分摊投资的成本）？$n$ 个局中人之间合作的前提是通过多人的合作，能将各自拥有的资源优势进行有效的组合，通过资源共享和优势互补，获得超出其他任意合作方式的收益（或者最少的成本）。

局中人在选择各自策略的时候可以协商，并且局中人的支付可以相互转让，即支付时可以转移的。在这种具有可转移支付的 $n$ 人合作博弈中，局中人如何选择自己的策略已经不是主要讨论的问题，而要分析的是局中人如何分摊通过合作所获得的收益或效用（或者分摊合作的成本）。事实上，$n$ 个局中人之间合作能够稳定的必要前提条件是合作收益或者合作投资成本如何在各局中人之间进行合理的分配或分摊。

### 7.2.2 合作博弈理论在成本分摊中的应用

目前，研究合作博弈的文献比较多，特别是集中在合作利益的分配方面。如 N. X. Jia 和 R. Yokoyama[128]就应用合作博弈理论来解决核反应堆的利益分配问题；Voropai Nikolai 等人[129]在他们的研究中提出了应用合作博弈解决电力企业的利益问题。在国内，合作博弈理论也被学者们应用到利益分配问题中。吴育华和赵强[130]应用多人合作博弈理论，研究了供应链库存效益的分配问题；戴建华[131]和刘浪[132]都应用合作博弈中的Shapley值的概念，来解决动态联盟伙伴企业利益的分配问题。

用合作博弈理论研究成本分摊问题的相对并不多。这方面的研究主要来自国外学者，如P. A. Kattumana等人[133]就运用合作博弈的Shapley值来解决电网成本的分摊问题；2007年Hartanto Wong等人[134]分两种情况建立博弈模型来解决联合库存剩余成本的分摊问题；Suresh Mutuswami[135]提出了基于Dutta－Ray平均解得二元成本分摊模型，D. Lee[136]在其博士论文中研究了基于博弈理论的高速公路建设成本的分摊问题。近两年来，国内学者也开始涉及用合作博弈方法来解决共同费用的分摊问题。陈文颖等[137]阐述了应用合作博弈理论解决优化治理投资费用的可能性，建立了相应的模型，讨论了相关的模型求解方法；陈伟和查迎春[138]讨论了成本分摊的Shapley法和基于可分离和不可分离成本的分摊方法；熊国强[139]建立了一种多人合作费用分摊的多目标规划模型，给出了求解费用分摊方案的两阶段算法；孔维莎和张强[140]将经典的Shapley值方法拓展到基于区间数的Hukuhara-Shapley值，并将其运用到单位运价不确定情况下的共同配送成本分摊中。

当今，供应链管理思想在企业中得到越来越广泛的应用。供应链企业间的合作是从企业外部降低成本的有效办法。然而，供应链联盟企业虽然形成了一个利益共同体进行合作，但就其内部而言，各成员企业仍然是独立的经济实体，相互之间必然存在着竞争。正如美国学者 Nalebuff Barry 和 Brandenburger Adam[141] 指出“合作竞争”就是指：合作把饼做大，竞争把饼分掉。

供应链成员企业之间就是一种典型的合作竞争关系。合作就是要通过供应链成员企业间的有效合作尽量降低供应链成本，竞争就是要最大限度地减少自己分摊到的成本。也就是说，供应链管理既要力争保证联盟的整体成本降到最小，又要满足单个成员企业所追逐的降低个体成本。从而可知，供应链成本如何在成员企业之间进行合理的分摊，也是供应链成本管理所要考虑的一个关键问题。合作博弈模型正是解决局中人共同取得的尽可能大的收益（或者尽可能小的成本）的竞争决策分析模型，在合作博弈过程中，局中人要考虑的关键问题就是如何结成联盟以及联盟收益（成本）如何在成员企业间进行分摊。这里要讨论基于第三方物流的集成供应成本分摊问题也是供应链成本分摊的一种形式。

### 7.2.3 集成供应物流成本分摊的多人合作博弈模型

(1) 联盟和特征函数

在 $n$ 人合作博弈中，每个局中人可以单独采取行动，也可以与联盟中的任意其他局中人合作。

设局中人集合 $N=\{1, 2, \cdots, n\}$，$i \in N$ 表示第 $i$ 个局中人。称 $N$ 的任一个子集 $S$，$N$ 为一个联盟，为了方便，把 $N$ 的空子集也视为一个联盟。

所有联盟构成的集类为 $R(N)$，$|S|$ 表示某一个联盟 $S$ 中的局中人数。

对于 $\forall S \in R(N)$，用 $C(S)$ 表示联盟 $S$ 通过协调其局中人的策略所能够得到的最小成本分摊额。$C(S \setminus i)$ 表示局中人 $i$ 没有加入联盟 $S$ 时的总分摊费用。特征函数的概念是合作博弈的研究起点，由冯·诺伊曼（Von Neumann）和摩根斯坦（Morgenstern）合作在其经典著作《博弈论与经济行为》[126]（Theory of Game and Economic Behavior）中提出。对于局中人集合 $N=\{1, 2, \cdots, n\}$ 的任一子集 $S$ 的成本分摊 $C(S)$，如果满足 $C(\phi)=0$，则称 $C$ 为特征函数。特征函数满足超可加性，即：

对于 $\forall S, T \subset R(N)$，$S \cap T = \phi$，有 $C(S)+C(T) \geqslant C(S \cup T)$

超可加性反映了两个较小联盟合并之后形成的新联盟，其成本分摊额应该小于两个联盟各自行动时的成本。

（2）分摊向量

在集成供应的合作博弈中，成本分摊是一个核心的内容。局中人通过合作，可以减少自己的成本分摊额。而要维持联盟合作的稳定性，成本分摊应满足一定的合理性。

这里用 $n$ 维向量 $x=\{x_1, x_2, \cdots, x_n\} \in R^n$ 表示联盟合作博弈中各局中人各自分摊到的成本份额，称为分摊向量。分摊向量应满足下列条件：

(a) $$\sum_{i=1}^{n} x_i = C(N)$$

(b) $$x_i \leqslant C(i)$$

其中，条件（a）表明 $n$ 个局中人分摊到的成本之和应与他们全体构成的一个联盟所支付的总成本相等，这描述了帕雷托最优性，称为整理合理性；条件（b）表明每个局中人在合作博弈中分摊的成本不应高于其自身“单干”所支付的成本，称为个体合理性。

（3）建立多人合作博弈成本分摊模型

根据以上分析，考虑到供应商之间的合作博弈，集成供应成本合作博弈分摊模型的建立要考虑到以下条件：

条件1：每个成员企业从集成供应成本中分摊到的金额，要小于其独立完成自身项目所要花费的成本，否则，从自身利益出发，该企业将不会接受成本分摊方案。即：

$$0 \leqslant x_i \leqslant C(i) \qquad \forall i \in N$$

其中，$C(i)$ 为第 $i$ 个局中人不与任何人结盟时所发生的成本数额。

条件2：集成供应成本应在成员企业之间完全分摊，即：

$$\sum_{i=1}^{n} x_i = C(N)$$

其中，$C(N)$ 表示 $n$ 个局中人的总需分摊成本，实际上也就是集成供应成员企业全部参加合作时所需要分摊的总成本发生额。

条件3：在多人合作博弈中还需要满足联盟和理性条件，即：

$$\sum_{i \in S} x_i \leqslant C(S) \quad \forall S \subset N \text{ 且 } |S| > 1$$

满足以上条件的成本分摊方案为内部稳定合作分摊，$x_i$ 称为稳定解，否则称为不稳定的合作。从而就可以得到内部稳定的成本分摊多人合作博弈模型：

$$\begin{cases}\sum_{i=1}^{n} x_i = C(N) \\ \sum_{i \in S} x_i \leqslant C(S) \quad \forall S \subset N; |S| \neq 1 \\ 0 \leqslant x_i \leqslant C(i) \quad \forall i \in N\end{cases} \tag{7-1}$$

在这里，把 $n$ 个供应商集成供应的总物流成本 $TC_{\{N\}}$ 定为 $C$（$N$），每个供应商自行供货时的物流成本 $TC_j$ 定为 $C$（$j$），而对于 $n$ 个供应商集合 $N$ 中的任意一个子集 $S$，$S$ 中的所有供应商集成供应的物流成本定义为 $C$（$S$），而把 $x_i$ 定义为在 $n$ 个供应商集成供应条件下第 $i$ 个供应商应分摊到的物流成本，上述集成供应物流成本的分摊问题则转化为对 $n$ 人合作博弈问题的求解。

## 7.3 成本分摊合作博弈模型的求解方法

考虑成本费用分摊的角度不同，目前关于成本分摊的多人合作博弈模型的求解方法主要包括夏普利（shapley）值法、核心法、二次规划（GQP）法、MCRS 法和成本缺口分摊（CGP）法等。

### 7.3.1 夏普利法

夏普利值是 1953 年由 Shapley L. S. 给出的一个 $n$ 人合作博弈解的概念，它不仅可以解决经济活动中效益分配的问题，而且能够估计社会活动中各团体或者派别的权利[142]。

Shapley 认为，在特征函数满足超可加性的情况下，假设 $<N, C>$ 为一个联盟博弈，对于给定的特征函数可以确定出特定的分摊向量 $x = \{x_1, x_2, \cdots, x_n\} \in R^n$，应满足几条公理：

（1）对称性公理。每个局中人 $i$ 所得的收益（或分摊的成本）与 $i$ 的序号无关。

（2）有效性公理。$\sum_{i=1}^{n} x_i = C(N)$，有效性公理反映了 $x = \{x_1, x_2, \cdots, x_n\} \in R^n$ 作为分摊的整体合理性。

（3）虚设人公理。对于虚设人 $i \in N$，有 $x_i = C(i)$，所谓虚设人 $i$ 是指满足 $C(S \cup \{i\}) = C(S) + C(i)$ 的局中人。该公理表明，若虚设人 $i$ 加入联盟 $S$ 后并没有给 $S$ 带来额外的收益，则对 $i$ 的分摊 $x_i$ 与他单干时的收益或成本 $C(i)$ 相等。

（4）聚合公理。对于两个联盟博弈 $<N, u>$ 和 $<N, v>$，有 $x_i(u+v) = x_i(u) + x_i(v)$，$i \in N$。聚合公理说明局中人参加两个博弈，其收益为在两个博弈中的分别收益之和。

Shapley 提出了满足以上公理的唯一解：

$$x_i = \sum_{\{S \mid i \in S\}} W(|S|) * [C(S) - C(S \setminus i)] \quad i = 1, 2, \cdots, n$$

$$W(|S|) = \frac{(n - |S|)! \cdot (|S| - 1)!}{n!} \tag{7-2}$$

其中，$x = \{x_1, x_2, \cdots, x_n\} \in R^n$ 称为联盟的夏普利值；$|S|$表示联盟 $S$ 中所含的成员个数，$C$ 为定义在 $N$ 的所有子集上的一个费用函数，表示 $N$ 中所有可能形成团体的最优替代费用，$n$ 是局中人的个数，$N$ 是所有局中人构成的集合。

沙普利值表示对于成员 $i$ 对联盟 $S$ 增加成本 $C(S) - C(S \setminus i)$ 的加权平均数,权数 $W(|S|)$ 表示在 $n$ 个局中人的任意排列中,$i$ 仅属于联盟 $S$ 的概率。

### 7.3.2 核心法

联盟博弈的一个重要的概念就是核心。核心(core)是 Gillies 于 1953 年提出的一个合作博弈解的概念。$N$ 人联盟博弈的所有不被优超的分摊构成的集合称为核心，或者说，核心中的每一个分摊方案都能够被联盟所接受。按照这一思想，一个合理的分摊方案 $x = \{x_1, x_2, \cdots, x_n\}$ 应满足以下两个充要条件:

$$\begin{cases} \sum_{i \in S} x_i \leqslant C(S) \quad \forall S \subset N \quad \text{集体合理性} \\ \sum_{i \in N} x_i = C(N) \quad \text{总体合理性} \\ x_i \geqslant 0 \end{cases}$$

满足这两个条件的 $x = \{x_1, x_2, \cdots, x_n\}$ 的全体称为核心。

在实际应用中，由于联盟应分摊的成本与总成本之间常出现互相矛盾的情况，核心有可能是空集。解决这个问题的方法是给多人合作博弈模型中的集体合理性条件增加一个松弛变量[143]。对此的解释是，某些联盟的合作对于大联盟 $N$ 来说在某种程度上可能是“太好”的，为了使所有局中人都能在大联盟 $N$ 中紧密合作而给所有的联盟 $S$（$1 < |S| < |N|$）的成本总和加一个额外的量。按照给联盟 $S$（$1 < |S| < |N|$）的成本总和 $C$（$S$）所加额外量的方法不同，核心法又分为最小核心法（Least Core）、弱最小核心法（Weak Least Core）和比例最小核心法（Proportional Least

Core）。

（1）最小核心法

在最小核心法中，给所有联盟 $S$（$1<|S|<|N|$）的成本费用总和都加上一个相同的额外量 $\varepsilon$，计算各局中人的分摊成本就变成了一个求解以下线性规划问题：

$$\min \varepsilon$$

$$\begin{cases}\sum_{i\in S} x_i \leqslant C(S)+\varepsilon \quad \forall S\subset N \quad |S|\neq 1\\ \sum_{i\in N} x_i = C(N)\\ 0\leqslant x_i\leqslant C(i)\end{cases} \tag{7-3}$$

如果这个线性规划问题有几个解，可以使用一种称为“解领带”（Tie-breaking）

$$e(x)=\sum_{\substack{k\in S\\ S\subset N}} x_i - C(S)$$

令 $e_1(x)$ 为与 $x$ 有关的任何联盟的最大超出量，$e_2(x)$ 为第二大超出量，$e_3(x)$ 为第三大超出量，等等。最小核是所有 $x$ 中使 $e_1(x)$ 为最小的集合 $X_1'$，令 $X_2'$ 为在 $X_1'$ 中所有 $x$ 中使 $e_2(x)$ 为最小的集合，$X_3'$ 为在 $X_2'$ 中所有 $x$ 中使 $e_3(x)$ 为最小的集合，这个过程一直不断进行下去，最后便可得到只包含一个 $x^*$ 的集合，这个 $x^*$ 便是博弈的核仁，由此得到唯一的成本分摊方案。

（2）弱最小核心法

在弱最小核心法中，使给联盟 $S$（$1<|S|<|N|$）中的每一个局中人都加一个相同的额外两 $\varepsilon$，因此所求解的线性规划问题为：

$$\min \varepsilon$$

$$\begin{cases} \sum_{i \in S} x_i \leqslant C(S) + \varepsilon |S| & \forall S \subset N \quad |S| \neq 1 \\ \sum_{i \in N} x_i = C(N) \\ 0 \leqslant x_i \leqslant C(i) \end{cases} \tag{7-4}$$

若该线性规划问题有多个解，则可用同样的方法得到博弈的核仁（最终的成本分摊方案），所不同的是联盟 $S$ 的超出量定义为：

$$e(x) = [\sum_{\substack{k \in S \\ S \subset N}} x_i - C(S)] / |S|$$

（3）比例最小核心法

在比例最小核心法中，通过给联盟 $S$（$1 < |S| < |N|$）加一个与其成本总和成比例的额外量来求解其核心，相应的线性规划问题可以表达为：

$$\min t$$

$$\begin{cases} \sum_{i \in S} x_i \leqslant (1 + t) \cdot C(S) & \forall S \subset N, |S| \neq 1 \\ \sum_{i \in N} x_i = C(N) \\ 0 \leqslant x_i \leqslant C(i) & \forall i \in N \end{cases} \tag{7-5}$$

解决该线性问题多个解得方法是定义联盟 $S$ 的超出量为：

$$e(x) = [\sum_{\substack{k \in S \\ S \subset N}} x_i - C(S)] / C(S)$$

### 7.3.3 二次规划法

二次规划方法[144]（Game Quadratic Programming）也可以用于计算最优的分摊方案。其基本思路为分摊结果使得各局中人的分摊额与其边际费用量（指每个局中人最少需要承担的费用）的差额最小。这种做法是各个局中人都能够认同的。二次规划方法就是要求解如下线性规划问题：

$$\min Z = \sum_{i=1}^{n} (x_i - v_i)^2$$

$$\begin{cases} \sum_{i \in S} x_i \leqslant C(S) & \forall S \subset N \\ \sum_{i \in N} x_i = C(N) \\ 0 \leqslant x_i \leqslant C(i) & \forall i \in N \end{cases} \tag{7-6}$$

其中，$v_i$ 表示第 $i$ 个局中人最少需要承担的费用（边际费用量），即：

$$v_i = C(N) - C(N - \{i\}), \quad i = 1,2,\cdots,n$$

### 7.3.4 CGA 法和 MCRS 法

（1）CGA 法

在费用缺口分摊法（CGA，Cost Gap Allocation）[145]中，有两个关键的概念，一个是边际费用，另一个是费用缺口。成本分摊问题中每个局中人 $i$ 的边际费用为：

$$v_i = C(N) - C(N - \{i\}), \quad i = 1,2,\cdots,n$$

边际费用 $v_i$ 表示局中人 $i$ 加入到大联盟 $N$ 中至少应承担的成本（最小分摊成本）。每个联盟 $S$ 的费用缺口定义为：

$$g(S) = C(S) - \sum_{i \in S} v_i \quad \forall S \subset N$$

根据对边际费用和费用缺口的定义，每个局中人应分摊到的成本如下：

$$x_i = v_i + \frac{\min\limits_{\substack{S \\ i \in S}} g(S)}{\sum\limits_{i \in N} \min\limits_{\substack{S \\ i \in S}} g(S)} \cdot g(N) \quad \forall i \in N$$

也即：

$$x_i = C(N) - C(N - \{i\}) + \frac{\min\limits_{\substack{S \\ i \in S}} \{C(S) - \sum\limits_{i \in S}[C(N) - C(N - \{i\})]\}}{\sum\limits_{i \in N} \min\limits_{\substack{S \\ i \in S}} \{C(S) - \sum\limits_{i \in S}[C(N) - C(N - \{i\})]\}} \cdot \{C(N) - \sum\limits_{i \in N}[C(N) - C(N - \{i\})]\} \quad \forall i \in N \tag{7-7}$$

（2）MCRS 法

MCRS（Minimum Costs – Remaining Savings）法与 CGA 法很类似，MCRS 计算应该分摊的成本时的表达式为：

$$x_i^* = x_{i\min} + \frac{x_{i\max} - x_{i\min}}{\sum\limits_{i \in N}(x_{i\max} - x_{i\min})} \cdot [C(N) - \sum\limits_{i \in N} x_{i\min}] \quad \forall i \in N \tag{7-8}$$

文献［146］给出了计算 $x_{i\min}$ 和 $x_{i\max}$ 的方法，求解以下线性规划：

$$\max \text{ 或 } \min x_i$$

$$\begin{cases} \sum\limits_{i \in S} x_i \leqslant C(S) & \forall S \subset N \quad |S| \neq 1 \\ \sum\limits_{i \in N} x_i = C(N) & \forall i \in N \\ 0 \leqslant x_i \leqslant C(i) & \forall i \in N \end{cases}$$

这样须通过 $2n$ 个约束条件相同的线性规划问题才可得到 $x_{i\min}$ 和 $x_{i\max}$（$\forall i \in N$）。

文献［147］中指出 $x_{i\min}$ 和 $x_{i\max}$ 可以分别用下面的公式替代，以简化 MCRS 法的计算，其中：

$$x_{i\min} = C(N) - C(N - \{i\}) \quad \forall i \in N$$

$$x_{i\max} = C(i) \quad \forall i \in N$$

这样确定 $x_{i\min}$ 和 $x_{i\max}$ 的 MCRS 法称为简化的 MCRS 法。

### 7.3.5 对各种求解方法的评述

寻求一个有效解至少应该满足以下两个条件，一是所选用的方法具有经济合理性，二是所选方法能便于实施，实际中具有可行性。

夏普利值法的收益分摊方法不是平均分配，而是基于各个局中人在联盟中的重要程度来进行分摊的一种分配方法，Shapley 值实际上是局中人边际收益的加权和。Shapley 值理论的思想是每个局中人获得的支付应以他在协同中的“势力”为根据，而势力大小的判定根据是局中人为协同所带来的收益能力，根据各局中人给合作带来的增值比例分摊合作的收益。

由于夏普利法的计算结果总是唯一的，因此被大家广泛的接受。但是在实际应用过程中这种方法存在两个问题：首先，Sharply 方法在分配时考虑了各参与方对协同合作总收益的重要程度，并以此为依据进行收益的分配。但是在实际的合作联盟形成过程中，对于各局中人而言是存在协同风险的，因此需要考虑到每个局中人所承担的协同风险问题。段贵军[148]考虑了供应链中各成员企业所承担的协同风险、企业的努力水平以及企业资本增值率等问题，并采用层次分析法建立了影响风险的指标体系，然后对影响因素进行赋值加权，以求得风险因子的值。用风险因子对夏普利法进行了改进，有助于获得更合理公平的分配结果。马士华等[149]考虑到激励成员企业进行技术创新对提高供应链竞争力的重要性，通过引入技术创新激励指数，对夏普利法也进行了改进。其次，夏普利法的应用需要得到局中人集合 $N$ 的每一个子集 $S$ 结成联盟时的收益或者成本，这使得其在实际应用中往往会受到限制。本章讨论的第三方物流集成供应的成本分摊问题，也面临同样的问题。在下一节中，将引入经济订货批量模型，因此可以计算每个 $C(S)$ 的结果，从而使得该方法的应用变得很简单。

MCRS 方法和 CGA 方法计算简单，具有一定的实用性。和夏普利法相似的是，也需要估算不同局中人组合下的经济效益或成本，以确定每个成员应分配的最高或最低收益或成本，同时也没有将风险的影响考虑到分配中去。核心法的求解结果往往不具有唯一性，也就是不存在着某种唯一的最合理的分配方法，影响了这种方法的可信赖性，专家学者们已经提出了一些改进的方法。而二次规划求解方法也是没有考虑到每个局中人所承担的协同风险问题。

## 7.4 基于集成供应经济订货批量的夏普利法的应用

为讨论方便，设定以下参数：

$\lambda_j D$ ——第 $j$ 个供应商每年的供应量（$j=1,2,\cdots,n$）；这里为了计算的方便，引入一个标准产品 $D$ 的概念，把每个供应商的年供应量都折合成标准产品 $D$ 的倍数；

$K_{jf}$ ——第 $j$ 个供应商每年的固定订货成本；

$K_v$ ——各供应商以及集成供应商每次订货的订货成本；

$C_h$ ——单位标准产品 $D$ 的年储存成本；

$C_f$ ——每次运输的固定成本；

$C_v$ ——标准产品 $D$ 的单位运输变动成本；

$Q$ ——每次订货标准产品 $D$ 的批量；

这里假设不允许缺货，因此不考虑缺货成本。另外，假设自行供货模式与集成供应模式下各供应商的安全库存量保持不变，因此在这里不予考虑。

### 7.4.1　自行供货模式下的物流成本分析

这里，物流成本包括订货成本、储存成本以及运输成本三个部分。

在自行供货条件下，第 $j$ 个供应商每年的订货成本为：

$$C_0 = K_{jf} + K_v \cdot \frac{\lambda_j D}{Q}$$

第 $j$ 个供应商每年的储存成本为：

$$C_I = \frac{Q}{2} \cdot C_h$$

每年的运输成本为：

$$C_T = (C_f + C_v \cdot Q) \cdot \frac{\lambda_j D}{Q} = C_f \cdot \frac{\lambda_j D}{Q} + C_v \lambda_j D$$

因此，第 $j$ 个供应商自行供货模式下的年物流成本为：

$$\begin{aligned} TC_j &= K_{jf} + K_v \cdot \frac{\lambda_j D}{Q} + \frac{Q}{2} \cdot C_h + C_f \cdot \frac{\lambda_j D}{Q} + C_v \lambda_j D \\ &= (K_{jf} + C_v \lambda_j D) + (K_v + C_f) \cdot \frac{\lambda_j D}{Q} + \frac{Q}{2} \cdot C_h \end{aligned} \tag{7-9}$$

计算第 $i$ 个供应商自行供货时的经济订货批量为：

$$EOQ_j = \sqrt{\frac{2(K_v + C_f)\lambda_j D}{C_h}}$$

经济订货批量条件下第 $i$ 个供应商自行供货时的年物流成本额为：

$$TC_j = (K_{jf} + C_v\lambda_j D) + \sqrt{2(K_v + C_f)\lambda_j D \cdot C_h} \tag{7-10}$$

### 7.4.2 集成供应模式下的物流成本分析

（1）两个供应商集成供应

如果两个供应商集成供应，则每年的订货成本为：

$$C_0 = (K_{1f} + K_{2f}) + K_v \cdot \frac{\lambda_1 D + \lambda_2 D}{Q}$$

两个供应商每年的储存成本为：

$$C_I = \frac{Q}{2} \cdot C_h$$

每年的运输成本为：

$$C_T = (C_f + C_v \cdot Q) \cdot \frac{(\lambda_1 + \lambda_2)D}{Q} = C_f \cdot \frac{(\lambda_1 + \lambda_2)D}{Q} + C_v(\lambda_1 + \lambda_2)D$$

因此，两个供应商集成供应模式下的年物流成本为：

$$TC_{\{12\}} = (K_{1f} + K_{2f}) + K_v \cdot \frac{\lambda_1 D + \lambda_2 D}{Q} + \frac{Q}{2} \cdot C_h + C_f \cdot \frac{(\lambda_1 + \lambda_2)D}{Q} + C_v(\lambda_1 + \lambda_2)D$$
$$= [K_{1f} + K_{2f} + C_v(\lambda_1 + \lambda_2)D] + (K_v + C_f) \cdot \frac{(\lambda_1 + \lambda_2)D}{Q} + \frac{Q}{2} \cdot C_h$$

计算两个供应商集成供应时的经济订货批量为：

$$EOQ_{\{12\}} = \sqrt{\frac{2(K_v + C_f) \cdot (\lambda_1 + \lambda_2)D}{C_h}}$$

经济订货批量条件下两个供应商集成供应时的年物流成本额为：

$$\begin{aligned} TC_{\{12\}} &= [K_{1f} + K_{2f} + C_v(\lambda_1 + \lambda_2)D] + \\ &\quad \sqrt{2(K_v + C_f) \cdot (\lambda_1 + \lambda_2)D \cdot C_h} \\ &= [K_{1f} + K_{2f} + C_v(\lambda_1 + \lambda_2)D] + \\ &\quad \sqrt{2(K_v + C_f)D \cdot C_h} \cdot \sqrt{\lambda_1 + \lambda_2} \end{aligned} \tag{7-11}$$

而考虑两个供应商各自自行供货时，两个供应商的年物流成本之和为：

$$\begin{aligned} TC_1 + TC_2 &= (K_{1f} + C_v\lambda_1 D) + \sqrt{2(K_v + C_f)\lambda_1 D \cdot C_h} + \\ &\quad (K_{2f} + C_v\lambda_2 D) + \sqrt{2(K_v + C_f)\lambda_2 D \cdot C_h} \\ &= [K_{1f} + K_{2f} + C_v(\lambda_1 + \lambda_2)D] + \\ &\quad \sqrt{2(K_v + C_f)D \cdot C_h} \cdot (\sqrt{\lambda_1} + \sqrt{\lambda_2}) \end{aligned}$$

比较 $TC_{\{12\}}$ 和 $TC_1 + TC_2$ 可以看到，前者显然小于后者，也就是说两个供应商集成供应的物流成本总是小于供应商自行供货的物流成本。成本节约额为：

$$\Delta TC = \sqrt{2(K_v + C_f)D \cdot C_h} \cdot (\sqrt{\lambda_1} + \sqrt{\lambda_2} - \sqrt{\lambda_1 + \lambda_2})$$

（2）$n$ 个供应商集成供应时的物流成本

$n$ 个供应商集成供应时每年的订货成本为：

$$C_0 = \sum_{j=1}^{n} K_{jf} + K_v \cdot \frac{\sum_{j=1}^{n} \lambda_j D}{Q}$$

每年的储存成本为：

$$C_I = \frac{Q}{2} \cdot C_h$$

每年的运输成本为：

$$C_T = (C_f + C_v \cdot Q) \cdot \frac{\sum_{j=1}^{n} \lambda_j D}{Q} = C_f \cdot \frac{\sum_{j=1}^{n} \lambda_j D}{Q} + C_v \sum_{j=1}^{n} \lambda_j D$$

因此，$n$ 个供应商集成供应模式下的年物流成本为：

$$TC = \sum_{j=1}^{n} K_{jf} + C_v \sum_{j=1}^{n} \lambda_j D + (K_v + C_f) \cdot \frac{\sum_{j=1}^{n} \lambda_j D}{Q} + \frac{Q}{2} \cdot C_h \tag{7-12}$$

$n$ 个供应商集成供应时的经济订货批量为：

$$EOQ_{\{N\}} = \sqrt{\frac{2(K_v + C_f) \cdot \sum_{j=1}^{n} \lambda_j D}{C_h}}$$

经济订货批量条件下 $n$ 个供应商集成供应的总物流成本为：

$$TC_{\{N\}} = \sum_{j=1}^{n} K_{jf} + \sum_{j=1}^{n} \lambda_j \cdot C_v D + \sqrt{2(K_v + C_f) D \cdot C_h} \cdot \sqrt{\sum_{j=1}^{n} \lambda_j} \tag{7-13}$$

与供应商各自自行供货的总成本相比较，$n$ 个供应商集成供应的物流成本总节约额为：

$$\Delta TC = \sqrt{2(K_v + C_f) D \cdot C_h} \cdot \left(\sum_{j=1}^{n} \sqrt{\lambda_i} - \sqrt{\sum_{j=1}^{n} \lambda_i}\right)$$

### 7.4.3 基于经济订货批量模型的夏普利值的计算

事实上，$n$ 个供应商集成供应之后，物流成本得到了降低。这里要解决的问题是集成供应后总物流成本 $TC_{\{N\}}$ 在各供应商之间的分摊问题。

夏普利值的计算公式为：

$$x_i = \sum_{\{S \mid i \in S\}} W(|S|) \cdot [C(S) - C(S \setminus i)] \qquad i = 1,2,\cdots,n$$

$$\text{其中}, W(|S|) = \frac{(n - |S|)! \cdot (|S| - 1)!}{n!}$$

$x = \{x_1, x_2, \cdots, x_n\} \in R^n$ 称为联盟的夏普利值；$|S|$ 表示联盟 $S$ 中所含的成员个数，$C$ 为定义在 $N$ 的所有子集上的一个费用函数，表示 $N$ 中所有可能形成团体的最优替代费用，$n$ 是局中人的个数，$N$ 是所有局中人构成的集合。

对于 $\forall S \in R(N)$，$C(S)$ 表示联盟 $S$ 通过协调其局中人的策略所能够得到的最小成本分摊额。$C(S \setminus i)$ 表示局中人 $i$ 没有加入联盟 $S$ 时的总分摊费用。根据上述经济订货批量模型的分析，可以得到：

$$C(S) = \sum_{j=1}^{m} K_{jf} + \sum_{j=1}^{m} \lambda_j \cdot C_v D + \sqrt{2(K_v + C_f)D \cdot C_h} \cdot \sqrt{\sum_{j=1}^{m} \lambda_j}$$

$$C(S \setminus i) = \sum_{\substack{j=1 \\ j \neq 1}}^{n} K_{jf} + \sum_{\substack{j=1 \\ j \neq 1}}^{n} \lambda_j \cdot C_v D + \sqrt{2(K_v + C_f)D \cdot C_h} \cdot \sqrt{\sum_{\substack{j=1 \\ j \neq 1}}^{n} \lambda_j}$$

从而，对于 $\forall S \in R(N)$，$C(S) - C(S \setminus i)$ 就可以计算如下：

$$C(S) - C(S \setminus i) = K_{if} + \lambda_i \cdot C_v D + \sqrt{2(K_v + C_f)D \cdot C_h} \cdot \left(\sqrt{\sum_{j=1}^{m} \lambda_j} - \sqrt{\sum_{\substack{j=1 \\ j \neq 1}}^{n} \lambda_j}\right) \qquad (7\text{-}14)$$

至此，可以利用 $C(S) - C(S \setminus i)$ 的计算结果来求解集成供应物流成本分配的夏普利值。

下面用一个算例来说明上述计算过程。

假定某核心制造企业在外地某一城市有三家供应

商，以前采用的是供应商自行供货方式，目前核心制造企业希望引入一家物流企业，由该物流企业来对三家供应商实行第三方物流集成供应，以节约供应链物流成本，优化供应链管理。引入第三方物流集成供应之后，在整体供应物流成本得到降低的同时，需要解决的问题是集成供应成本如何在三个供应商之间进行合理的分摊。对各供应商供应过程中的相关参数假设见表7-1。

**三个供应商的相关参数**　　　　表7-1

| | $\lambda_j$ | $D$ | $K_{jf}$ | $K_v$ | $C_h$ | $C_f$ | $C_v$ |
|---|---|---|---|---|---|---|---|
| 供应商1 | 36000 | 1 | 30000 | 1000 | 10 | 1000 | 4 |
| 供应商2 | 18000 | 1 | 20000 | 1000 | 10 | 1000 | 4 |
| 供应商3 | 10000 | 1 | 15000 | 1000 | 10 | 1000 | 4 |

根据以上基础数据，运用经济订货批量模型，可以计算出三个供应商各种组合下的供应成本情况见表7-2。

**三个供应商各种组合下的供应成本**　　表7-2

| 组合方式 | {1} | {2} | {3} | {1，2} | {1，3} | {2，3} | {1，2，3} |
|---|---|---|---|---|---|---|---|
| 供应成本 | 211947.33 | 118832.82 | 75000.00 | 312475.80 | 271895.22 | 180466.40 | 371596.44 |

可以看到，三个供应商自行供货方式所发生的供应成本总额 211947.33 + 118832.82 + 75000.00 = 405780.15，而实施第三方物流集成供应后的供应成本总额为371596.44，成本节约额34183.71。

有了上述计算结果，就可以利用夏普利值公式来计算三个供应商应该分摊的供应成本，表7-3是以供应商1为例的计算过程。

供应商 1 应分摊的成本计算　　表 7-3

| $S$ | {1} | {1，2} | {1，3} | {1，2，3} |
|---|---|---|---|---|
| $C(S)$ | 211947.33 | 312475.80 | 271895.22 | 371596.44 |
| $C(S\backslash 1)$ | 0 | 118832.82 | 75000.00 | 180466.40 |
| $C(S)-C(S\backslash 1)$ | 211947.33 | 193642.98 | 196895.22 | 191130.04 |
| $\|S\|$ | 1 | 2 | 2 | 3 |
| $W(\|S\|)$ | 1/3 | 1/6 | 1/6 | 1/3 |
| $W(\|S\|)[C(S)-C(S\backslash 1)]$ | 70649.11 | 32273.83 | 32815.87 | 63710.01 |
| $X_1$ | 199448.83 | | | |

其中，供应商 1 应分摊的供应物流成本 $X_1 = 211947.33\times1/3+193642.98\times1/6+196895.22\times1/6+191130.04\times1/3=199448.83$。同理可以计算供应商 2 和 3 分别应分摊 107177.16 和 64970.46。与三个供应商自行供货相比较，分摊到的成本都比自行供货成本有降低，符合合作博弈成本分摊模型的基本条件。

需要指出的是，在夏普利值法的应用中，一般都是通过主观假设来确定每个 $C(S)$ 和 $C(S\backslash i)$ 的值，而在本例中，可以基于企业的原始数据通过经济订货批量模型来确定该值，这使得第三方物流集成供应成本的分摊方法更具实用性。

## 7.5　成本分摊问题的解存在的必要条件

多人合作博弈解的概念是由冯·诺伊曼（Von Neumann）和摩根斯坦（Morgenstern）在 1944 年提出的，其后的 20 多年间，许多数学家都研究过解的存在性问题，但都未成功，直到 1969 年，卢卡斯（Lucas）构造了一个没有解的 10 人博弈的例子，从而说明了一般的多人合作博弈的解不一定存在。武玉婧[150]对成本费用分摊问题的解存在的必要条件进行了分析。

对于成本分摊问题，局中人的最终分摊向量 $x = \{x_1, x_2, \cdots, x_n\}$ 要满足下列条件：

$$\begin{cases} \sum_{i=1}^{n} x_i = C(N) \\ \sum_{i \in S} x_i \leqslant C(S) \quad \forall S \subset N; |S| \neq 1 \\ 0 \leqslant x_i \leqslant C(i) \quad \forall i \in N \end{cases} \tag{7-15}$$

### 7.5.1 两个人的合作博弈

在两个人的合作博弈成本分摊中，$N = \{1, 2\}$，$C$（1）、$C$（2）和 $C$（12）都是已知的，且知道 $C$（1）$+ C$（2）$\geqslant C$（12），此时所考虑的是局中人 1 和 2 最终分得的 $x_1$ 和 $x_2$ 要满足：

$$\begin{cases} x_1 \leqslant C(1) \\ x_2 \leqslant C(2) \\ x_1 + x_2 = C(12) \end{cases} \tag{7-16}$$

由于：

$$x_1 + x_2 = C(12) \leqslant C(1) + C(2) \text{ 且 } C(12) - C(1) \leqslant C(12) - x_1$$

所以有：

$$C(12) - C(2) \leqslant x_1 \leqslant C(1)$$

同样有：

$$C(12) - C(1) \leqslant x_2 \leqslant C(2)$$

所以在两人合作博弈的情况下，任意取 $x_1$ 和 $x_2$ 都可以使公式（7-15）有解。即：

$$C(12) - C(2) \leqslant x_1 \leqslant C(1), \quad x_2 = C(12) - x_1$$

或者用 CGA 法的基本思路来考虑两个局中人博弈的

问题。

$$v_1 = C(12) - C(2), \quad v_2 = C(12) - C(1)$$

$$g(12) = C(12) - [C(12) - C(2)] - [C(12) - C(1)]$$
$$= C(1) + C(2) - C(12)$$

可以看到，不管 $g(12)$ 如何在两个局中人之间如何分配，都可以满足公式（7-15），两个局中人都会接受分配方案。最坏的情况，就是 $x_i = C(i), i = 1,2$ 。

### 7.5.2　三个人的合作博弈

在三个人的合作博弈中，局中人集合为 $N = \{1,2,3\}$ ，而且已知 $C(1),C(2),C(3)$，$C(12),C(13),C(23),C(123)$ 且有 $C(S) + C(T) \geqslant C(S \cup T)\ \forall S, T \subset N$ ，要求的分摊向量（$x_1,x_2,x_3$）满足：

$$\begin{cases} x_1 \leqslant C(1) \\ x_2 \leqslant C(2) \\ x_3 \leqslant C(3) \\ x_1 + x_2 \leqslant C(12) \\ x_1 + x_3 \leqslant C(13) \\ x_2 + x_3 \leqslant C(23) \\ x_1 + x_2 + x_3 = C(123) \end{cases} \qquad (7\text{-}17)$$

由式（7-16）可以得到

$$2C(123) - C(13) - C(23) \leqslant x_1 + x_2 \leqslant C(12)$$

且由已知条件还满足：

$$C(123) - C(3) \leqslant C(1) + C(2)$$

由此，当 $C(2) < C(1)$ 时，得到三人合作博弈成本分摊问题有解的必要条件为：

$$\begin{cases} x_1 \in [C(123) - C(23), C(13) + C(12) - C(123)] \\ x_2 \in [C(123) - C(13), C(2)] \\ x_3 = C(123) - x_1 - x_2 \end{cases} \tag{7-18}$$

当 $C(2) > C(1)$ 时，得到三人合作博弈成本分摊问题有解的必要条件为：

$$\begin{cases} x_1 \in [C(123) - C(23), C(1)] \\ x_2 \in [C(123) - C(13), C(12) + C(23) - C(123)] \\ x_3 = C(123) - x_1 - x_2 \end{cases} \tag{7-19}$$

### 7.5.3 $n$ 个人的合作博弈

在 $n$ 人的合作博弈中，局中人集合为 $N = \{1,2,3,\cdots,n\}$，对于 $N$ 的所有子集 $S$，$C(S)$ 均已知，要求最终局中人的分摊向量 $(x_1, x_2, \cdots, x_n)$ 满足公式（7-14）。

由式（7-14）可知，

$$C(N) - \sum_{j \notin S} x_j \leqslant C(S)$$

即：

$$C(N) - C(S) \leqslant \sum_{j \notin S} x_j \leqslant C(N - S)$$

当 $(N - S_i) \cap (N - S_j) = \phi, i \neq j (i, j = 1, 2, \cdots, m)$ 时，有：

$$mC(N) - \sum_{i=1}^{m} C(S_i) \leqslant \sum_{j \in \overset{m}{\underset{i=1}{Y}} (N - S_i)} x_j \leqslant C(\overset{m}{\underset{i=1}{Y}} (N - S_i))$$

另外，由 $\sum_{i=1}^{n} x_i = C(N)$ 以及 $\sum_{i=1}^{n} x_i - x_{ik} \leqslant C(N - \{i_k\})$ 可得：

$$C(N)-C(N-\{i_k\})\leqslant x_{ik}\quad k=1,2,\cdots,m$$

可以得到 $n$ 个人合作博弈成本分摊问题有解的必要条件是：

$$mC(N)-C(N-\{i_1\})-C(N-\{i_2\})-\cdots-C(N-\{i_m\})\leqslant\sum_{i=1}^{m}x_{im}\leqslant C(i_1,i_2,\cdots,i_m) \tag{7-20}$$

## 7.6 本章小结

本章描述了供应链管理条件下第三方物流在集成供应中的应用，并利用合作博弈理论对集成供应物流成本的分摊问题进行了研究。

（1）第三方物流集成供应是供应链管理条件下大型制造商和零售商降低供应链成本的有效途径。集成供应模式的应用，需要解决合理选择第三方物流供应商以及物流成本在供应商之间的分摊问题。

（2）基于合作博弈理论，建立了集成供应物流成本在供应商之间分摊的模型。

（3）介绍了合作博弈成本分摊模型的求解方法，指出了各种求解方法的局限性。

（4）引入标准产品的概念，分析了集成供应的经济订货批量问题，并在此基础上解决了成本分摊模型求解的夏普利法的缺陷，使之能在集成供应成本分摊问题中得到有效的应用。

# 第八章 供应链环境下的供应商选择方法

## 8.1 供应链环境下的供应商管理

在供应链环境下，供应链管理成为了现代供应商管理的平台，而供应商管理就是供应链管理的关键环节，供应商成为企业竞争中的重要战略砝码。其目的，就是要建立一个稳定可靠的供应商管理队伍，为企业提供各种各样满足需求的物资供应。通过实施良好的供应商管理策略，与供应商建立良好的合作关系，为最终客户提供高质量的快捷服务保障。好的供应商是高质量的保证，卓越的供应商是组织的一项重要资产，将为购买其产品或服务的组织带来丰厚的回报。

### 8.1.1 供应商管理的基本内容

所谓供应商（Supplier 或 Vendor）是指可以为企业生产提供原材料、设备、工具及其他资源的企业。供应商可以是生产企业，也可以是流通企业。供应商管理就是企业对其直接供应商进行全面管理的一种系统方法。如同所有企业都需要进行客户关系管理，改善和增进同客户之间的关系一样。企业不仅需要有良好协作关系和竞争实力的供应商，而且要不断地培养和增进与供应商之间的关系。供应商管理就是企业按照一定的标准和方法，对现有的供应商和潜在的供应商进行调查、分析，对他们进行全面的分类和评估，做出合理的选择，制定相应的管理策略和方法。

供应商管理包括两方面的内容，一方面是从公司的经营管理战略出发，对供应商进行宏观管理；另一方面是从具体业务运作出发，对供应商实施的有针对性的日常管理（表 8-1）。

**供应商管理内容** 表 8-1

| 供应商管理 | |
|---|---|
| 战略管理方面 | 业务运作方面 |
| 1. 企业总体情况，生产制造策略、采购策略回顾 | 1. 供应商细分 |
| 2. 确定供应商分类标准 | 2. 建立供应商分类管理团队 |
| 3. 针对各类供应商，制定专门的供应/服务合同指导方针 | 3. 在企业内对各类供应商进行评估和回顾 |
| 4. 建立供应商选择、认证标准 | 4. 识别与各类供应商之间存在的机会 |
| 5. 制定指导方针，与供应商分享改善成果 | 5. 制定供应/服务合同和建立双方沟通渠道 |
| | 6. 执行供应/服务合同 |
| | 7. 供应商绩效评估，采购成本节约报告 |

从企业的经营管理战略出发，在进行供应商管理时，首先需要对自身的总体情况进行分析，审视企业的市场销售、生产制造、新产品研发和采购管理等方面的战略目标、方针和策略；然后在此基础上根据自

身特点确定供应商分类标准；针对各类供应商提供的物料和服务，企业应该制定专门的供应/服务合同指导方针；在选择供应商之前，制定供应商认证和选择的标准和程序是十分必要的；供应商管理的一个基本原则就是要实现企业与供应商的“双赢”，所以企业在实施供应商管理策略前，应该确定“分享”的原则，与供应商分享管理改善的成果。

在供应商管理的具体业务运作方面，供应商细分是企业首要的工作，对于不同类型的供应商，企业应该采用不同的管理策略和方法。在企业内，供应管理部门应该会同其他的职能部门，定期对各类供应商进行审核；供应管理部门还需要与其他的职能部门协作，发现和识别降低采购成本的机会；在企业和供应商之间进行良好的沟通是非常必要的，这样有助于双方的相互了解，最终达成长期性的供应合同；采购供应合同的管理和履行也是供应商管理中很重要的业务运作环节，而定期进行供应商绩效评估，总结采购成本节约成果，督促供应商的持续改进则是日常供应商管理中必不可少的工作。

### 8.1.2 供应商管理的发展阶段

供应商关系随着经济的发展不断演变。传统的与多个供应商的简单交易关系，正在向与适当数量的战略伙伴交易关系的供应商方向发展。

（1）传统的供应商管理

传统的简单交易关系的理念，是以最便宜的价格来获取企业所需的最好物品，是一种买卖双方讨价还价的交易，这种关系只有竞争而没有合作，买方往往将供应商视为对手。其特点是：

①买方同时向若干供应商购货，通过供应商之间的竞争获得价格上的好处，同时也保证供应的连续性；

②买方常常在供应商之间分配采购数量，以便对供应商加以控制；

③买方和供应商之间是一种短期合同关系。

④以价格和质量为主要的选择标准，但还是更突出价格因素在传统的供应商管理中。

⑤供应链上、下游企业缺乏交流与合作。供应商不知道采购商的商品销售情况、销售速度，不知道采购商什么时候订货。因此，组织生产和准备货源，只能凭自己的主观判断。同样，采购商也不知道供应商的库存情况，不知道供应商能否保证及时供应，信息不能共享，渠道透明度不高，增加了供应渠道的不确定性，使得各个企业面临的经营风险加大，各个企业都倾向于增加自己的库存，占压了资金，还要支付大量的仓储费用，对供应链各方都不利。

（2）现代的供应商管理

在经济全球化和供应链环境下，过去几十年中供应市场发生了深刻的变化，主要表现在技术飞速发展、产品开发周期越来越短、经济全球化、市场国际化进程加剧，各种新型资源出现并且资源利用率不断提高，信息化得以广泛应用，顾客消费不断趋向理性化等。面对这些深刻变化，传统的供应商管理已不能适应供应链管理的需要，企业必须与供应商建立长期合作关系。这样就出现了供应链合作伙伴关系。

供应链合作关系（Supply Chain Partnership，SCP）

可以定义为：供应商与制造商之间，在一定时期内的共享信息、共担风险、共同获利的协议关系。这种战略合作关系形成的原因通常是为了降低供应链总成本、降低库存水平、增强共享信息、改善相互之间的交流、保持战略伙伴相互之间操作的一贯性以产生更大的竞争优势。显然，战略合作关系必然要求强调合作和信任，在供应链管理环境下，制造商选择供应商不再是只考虑价格，而是更注重选择能在优质服务、技术革新、产品设计等方面进行良好合作的供应商。

这种现代的供应商管理特点为：

①从交易价格的竞争转向共同提高产品（服务）的价值。供应链中的合作伙伴关系就意味着新产品，技术的共同开发、数据的交换，市场机会共享和风险共担。在这种情况下，主体企业选择合作伙伴不仅仅考虑价格，而是选择那些能在优质服务、技术革新、产品设计等方面进行良好合作的企业。传统的供应商关系主要是基于价格的竞争，这种价格竞争上所取得的利益是建立在牺牲另一方面的利益的基础之上的，而共同提高产品价值则是通过企业与供应商的共同努力最终达到获得双赢。

②良好的信息沟通和及时的信息反馈。在目前激烈的市场竞争中，要想在市场中占有一席之地，就必须在合作过程中实现最大程度的信息共享。交易双方通过多方面信息渠道进行交流，最大程度上实现信息的共享，加强了企业之间资源的有效连接，大大提高了双方共同应对市场需求变化的能力。

③交易双方的相互合作。在多元化的格局之下，

合作能够利用双方的技术优势，从产品早期的研发到后来的制造等一系列过程都协同参与，不断改进产品质量，降低产品成本、加快产品开发进度，提高市场的快速反应能力和竞争力。

④长期的信任合作取代了短期的合同关系。供应链管理中的各方之间是建立在相互信任、相互合作的长期伙伴关系的基础上，改变了以往短时性的交易性质，通过长期的良好合作，一方面能增强双方之间的了解和信任程度，另一方面也降低了交易管理成本。

（3）我们可以从表 8-2 中看出传统供应商管理与现代供应商管理的差别。

**传统供应商管理与现代供应商管理的比较** 表 8-2

| 因　素 | 传统供应商管理 | 现代供应商管理 |
|---|---|---|
| 1. 供应市场的竞争特性 | 基于价格 | 合作的、基于技术的 |
| 2. 供应商选择基准 | 基于价格的竞争 | 长期的绩效的综合，强调产品、价值、服务 |
| 3. 合同性质 | 短期/一次交易 | 长期/合作协议 |
| 4. 信息传递及管理 | 单向的、封闭的 | 开放的、透明的 |
| 5. 对能力计划的态度 | 独立的 | 在战略问题上共担责任 |
| 6. 产品交货 | 不稳定、交换频繁 | JIT，协商基础上的小批量，动态的稳定 |
| 7. 交易处理 | 秘密的非合作博弈 | 基于双赢的合作/降低成本 |
| 8. 产品质量 | 不信任的质量检查 | 为实现零缺陷而共同努力 |

续上表

| 因　素 | 传统供应商管理 | 现代供应商管理 |
| --- | --- | --- |
| 9. R & D | 按要求提供规定产品 | 共同参与 R & D |
| 10. 供应商的数量 | 大量 | 少而精 |
| 11. 供应商范围 | 主要在国内 | 全球化 |
| 12. 压力水平 | 低——若不满足可寻找替代商 | 高——通过持续改造，采用更好的工艺和原材料降低成本 |

供应链管理中的供应商关系与传统的供应商关系相比发生了很大的变化，通过建立战略合作伙伴关系，还可以实现信息共享，物流通畅，提高客户反应速度，从而有效、连续地消除不确定性，在加快物流的同时减少各个环节上的库存量，避免许多不必要的库存成本的消耗。它更加强调企业与供应商之间共同分享信息，通过合作协商，协调运作，以达到双赢的目的。因此，这种以合作和发展为基础的伙伴关系，最终目的是要使供应链实现整体利益的最大化。

### 8.1.3　供应链环境下供应商的分类

从供应市场状况、采购业务对企业的重要程度这两个方面，可将供应商划分为以下几种类型：

（1）伙伴型供应商

如果供应商认为企业的采购业务对于它们来说非常重要，供应商自身又有很强的产品开发能力等，同时采购业务对本企业也很重要，那么这些采购业务对应的供应商就是“伙伴型供应商”。

（2）优先型供应商

如果供应商认为企业的采购业务对于他们非常重要，但这项采购业务对企业并不很重要，这样的供应商无疑有利于企业，是企业的“优先型供应商”。

（3）重点商业型供应商

如果供应商认为企业的采购业务对他们来说无关紧要，而该采购业务对于企业却是十分重要，这样的供应商就是需要注意改进提高供应商关系的“重点商业型供应商”。

（4）普通商业型供应商

对于那些对供应商和企业来讲都不是很重要的采购业务，相应的供应商可以很方便地进退企业的采购环节，企业也可以很方便地更换这些供应商，那么这些采购业务对应的供应商就是“普通商业型供应商”。

（5）一次性采购供应商

对于企业一些新上的设备，首次发生备件采购，为慎重起见选用原供应商，而这类备件很容易在第二次采购时找到替换件，这类首次发生采购业务对应的供应商就是“一次性采购供应商”。

我们通过对供应商进行分类，可以清晰地看出，重点商业型供应商会给企业采购供应带来较高的风险，这类供应商就是企业必须要花更多的精力认真对待、以求重点改进和提升之间关系的供应商。从换位思考的角度，企业让自己站在供应商的角度，研究企业自身采取什么样的采购战略，才能够使自己引起供应商的重视，进而成为该供应商的“重要发展客户”，从而降低或规避本企业采购供应的风险。供应商分类为供应商开发及选择、供应商关系管理等工作提供了基础。良好的供应商体系可以保证企业供应渠道的畅通，供应高质量的备品备件，从而保证生产秩序的正常运转以及产品竞争优势。

### 8.1.4 供应商管理的重要意义

实施供应商管理的重要意义可以从两个层面进行分析，即技术层面和战略层面。

（1）技术层面

①降低成本。据美国调查显示，在美国制造业中采购成本占到了产品单位成本的40%～60%左右，采购成本比例将随着核心能力的集中和业务外包比例的增加而增加，因而供应商直接关系到产品的最终成本。专家们预测，未来几年竞争压力将迫使制造商们每年降低5%～8%的产品成本，但是仅仅依靠制造商是无法达到的，必须与供应商联合才能实现产品成本的降低。

②提高产品质量。Wlills 和 Luston1990 年的研究表明，30%的质量问题出在供应商方面，良好的供应商管理能有效地改进产品质量。

③降低库存。减少库存压力使制造商将前端库存转嫁给供应商，将后端库存转嫁给销售商，这样不利于合作伙伴关系的建立。供应商管理可以进行协调库存管理。

④缩短交货期。80%的产品交货期是由供应商引起的，缩短产品交货期应从源头做起。

⑤集成制造资源。信息技术和互联网技术的飞速发展为现代制造企业跨区域、跨行业，实现信息技术的实时传递与交换提供了必要条件。制造资源市场已

经成为一个开放型全球大市场，制造资源应被集成起来发挥作用。

（2）战略层面

①集成供应链。供应链是由各个节点企业组成的，节点企业在需求信息的驱动下，通过职能分工和合作实现供应链的价值增值过程。从系统论的角度看，制造资源是整个制造系统的输入，供应商的行为和要素市场的规范与制造资源的质量密切相关，因此供应商管理问题是制造资源的出发点，也是制造失败的关键之一。

②提升核心竞争能力。随着企业对核心竞争力的关注及核心业务的开拓，从外部获取资源通过供应商参与的新产品开发来提升自身的核心竞争力。

③有助于新产品的开发。让供应商参与到企业新产品开发中来，有助于企业提高自己的核心能力。

在对供应链管理越来越重要的今天，优秀的企业将供应商管理提高到战略的高度，强调直接的、长期的合作，强调通过共同努力实现共有的计划和解决共同问题，强调企业之间的信任和合作。现在企业普遍开始与数量相对较少的供应商建立合作伙伴关系，不断优化供应商的结构、提高供应商的供应质量和供应配套的保障能力，同时大大降低供应链成本、缩短产品开发周期，从而最大限度地利用供应商的能力。

## 8.2 供应商选择及评价的常用方法

国内外评价供应商的方法很多，目前常用的方法主要分为三大类，第一类是定性的评价选择方法，第二类为定量的分析方法，第三类为定性与定量相结合的评价方法。其中，定性方法主要是根据专家的经验，凭借以前的关系来选择供应商，其对问题的分析比较全面，而定量方法对问题的分析比较准确、可靠。各自的不足之处在于定性方法的准确性不如定量方法，而定量方法虽然准确性比较高，但是主要是对单一品种的原材料和零部件采购的评价，对多品种、多类型的原材料或者零部件采购的评价，还有待进一步的研究。

（1）直观判断法

直观判断法是根据征询和调查所得的资料并结合人的分析判断，对供应商进行分析、评价的一种方法。这种方法比较直观，简单易行，但是主观性太强，选择的结果科学性较差，不适于选择企业的战略性合作伙伴，常用于产品的非主要原材料供应商的选择。

（2）招标法

当原材料订购数量大、供应商竞争激烈时，可采用招标法来选择适当的供应商。招标法竞争性强，但招标手续繁琐、持续时间长，选择缺乏针对性，不能适应紧急订购的需求，且人为因素比较大，不利予采购的规范操作。

（3）基于成本的选择方法

基于成本的供应商选择方法有很多种，目前常用的有采购成本法和 ABC 成本法。

①采购成本法

对那些对质量和交货期都能满足要求的供应商，则需要通过计算采购成本来进行比较分析。采购成本一般包括售价、采购费用、运输费用等各项支出的总和。采购成本比较法是通过计算分析针对各个不同供应商的采购成本，选择采购成本较低的供应商的一种方法。

②ABC 成本法

ABC 成本法（Activity Based Costing approach）是目前在物流界广泛使用的一种新的成本计算方法。供应链中的物资活动是价值增值与成本增加相结合的过程，完成一项活动或作业可以使产品或中间产品的价值有所增加，同时，产品的成本也增加。该方法通过计算供应商的总成本来选择供应商。

（4）线性权重法

线性权重法（Linear Weighting Models）是一种广泛应用于解决单资源问题的方法，它的基本原理是给每个准则分配一个权重，权重越大表明其越重要，供应商的积分为该供应商各项准则的得分与其权重的乘积之和，积分最高者为最佳供应商。这种方法人为判断因素过大且不同的准则权重相同，因此在实际中很少发生而缺少实际的应用价值。

（5）模糊评价法

模糊评价法选择供应商具有一定的优点，它充分考虑到现实世界中亦此亦彼的中介过渡现象，便于把定性指标转化为定量指标，弥补了其他方法这方面的不足。

（6）数学规划方法

数学规划方法是解决单资源和多资源优化问题的一种非常重要的方法，包括多目标规划、线性规划、混合整数规划等。其中的多目标数学规划是确定各目标（选择准则）的权重，从而将多目标规划问题转化为单目标规划问题，在各目标权重非负的情况下，所转化的单目标优化问题的最优解是原多目标优化问题的非劣解[6]。

（7）数据包络分析法（DEA）

数据包络分析（Data Envelopment Analysis，DEA）是在相对效率评价概念的基础上建立起来的一种新的系统分析方法。它是 1978 年由著名的运筹学家查思斯、库伯以及罗兹首先提出来的。采用数学规划法，利用观察到的样本数据，对决策单元（例如合作伙伴）投入与产出的合理性、有效性，特别是多个样本间“相对优劣性”进行评价。它适合用于具有多输入多输出相同类型单位的有效性评价。

（8）人工神经网络算法

人工神经网络算法（Artificial Neural Network Approach）是一种接近人类思维的定性与定量相结合的方法。多层神经元构造的神经网络通过对给定样本的学习，获取专家的知识、经验、主观判断及对目标重要性的倾向，当对备选合作伙伴做出综合评价时，该法可以再现专家的经验、知识和直觉，从而实现了定性分析和定量分析的有效结合，同时较好保证合作伙伴评价结果的客观性。

（9）层次分析法

20 世纪 70 年代初美国运筹学家 Saaty 教授提出层次分析法（Analytic Hierarchy Process，简称 AHP）。层次分析法（AHP）的特点是在对复杂的决策问题的本质、影响因素及其内在关系等进行深入分析的基础上，利用较少的定量信息使决策的思维过程数学化，从而为多目标、多准则或无结构特性的复杂决策问题提供简便的决策方法。优点可靠性高、误差小，特别对目标（因素）结构复杂且缺乏必要数据时更为适用。

## 8.3 供应商评价指标体系的构建

### 8.3.1 供应商综合评价指标体系的构建原则

供应商评价的指标体系是企业对供应商进行综合评价的依据和标准，是反映企业本身和环境所构成的复杂系统不同属性的指标，按隶属关系、层次结构有序组成的集合。因此供应商综合评价指标体系的构建是一项复杂的系统工程，在选择评价指标时，指标应满足以下基本原则：

（1）系统全面原则。建立的指标体系不仅能够反映供应商企业的现有状况，而且还能够体现供应商的未来发展趋势。

（2）简洁性原则。在供应商信息尽量充分的前提下，所选指标数目应尽可能少，简洁明了，各指标之间不应有强相关性，不应出现过多的信息包容和涵盖而使指标内涵重叠。

（3）科学实用性原则。指标体系能科学地反映供应商实际情况，适中实用。指标体系过大、层次过多、指标过细将使评价的注意力不能体现整体；而指标过少、过粗又不能反映供应商实际水平。

（4）可重构和可扩充性原则。评价指标体系不仅有数量上变化，还要指标内容上变化，用户可根据不同要求对指标体系进行修改、增加和删除，并根据具体情况将评价指标进一步具体化。

（5）定量与定性相结合。定性指标要明确其含义，并按照一定标准赋值，使其能够恰如其分地反映指标的性质。定性定量指标都必须具有清晰的概念和确切的计算方法。

### 8.3.2 供应商选择评价指标体系的建立

供应链核心企业在选择上游企业供应商时，降低企业的采购成本，就是企业供应商选择的主要目标之一。评价和选择供应商，实际上是供应链核心企业对整条供应链的业务进行重构的一个过程，因此选择的供应商的好坏，直接影响到核心企业产品制造质量的好坏，同时还影响到核心企业与其他企业之间的合作密切程度。一个好的供应商可以利用它可以制造出高质量产品的加工技术为核心企业提供好的原材料、半成品或产成品，因此好的供应商是保证核心企业正常运行的关键。

供应链战略性合作伙伴选择的指标体系是供应链核心企业选择其战略性合作伙伴的标准，核心企业只有根据它的需求制定出全面的、简明科学的、稳定可比的合作伙伴选择标准，才能选到其满意的合作伙伴。

伙伴型供应商和重点商业型供应商都是企业的战略性合作伙伴供应商，对其的选择涉及到很多因素，评价指标多种多样，既有定性的指标，也有定量的指标，还有定性与定量相结合的指标，这些指标有的甚至相互矛盾。指标体系不仅需要反映质量、交货期、价格、服务等传统性指标，而且还需要考虑供应商的响应柔性、企业资源与核心企业的互补性、供应商企业的各个层面与整个供应链的协调性以及供应商的发展潜力等指标，从而能够综合、全面、客观、科学地评价供应商。

这里参考相关资料，通过对管理实践的调查研究，根据A公司在选择合作伙伴时要实现的目标，选择一套新的指标衡量评价标准，建立起A公司的评价指标体系，以考察各个供应商的独自完成各项作业的能力以及它能为整条供应链作出的贡献水平。这些指标包括：交货稳定性、质量水平、产品价格、企业环境、信息系统柔性、技术水平、企业组织柔性与协调能力、其他等评价因素。

（1）质量水平评价指标：包括设计质量、产品质量、过程质量、管理质量、服务质量等。这些都是核心企业特别关注的因素。通过对供应商各项质量指标进行综合评价，了解其可以满足用户对产品质量要求的程度，考察其是否能够对质量进行有效控制和持续改进。产品的质量直接影响用户的生产运行，因此是必须首要考虑的因素。质量指标值越高越好。

（2）产品价格评价指标：包括研发投入、销售价格、生产成本、交易成本、机会成本。备件价格的高低直接关系到用户的切身利益，影响到用户产品的市场竞争力，因此价格是一个重要指标。了解供应商产品的主要成本构成，就会避免由于盲目压价导致的供应商降低产品质量的风险，还可以取得合理的价格以维护自身利益。该指标值越小越好，但不一定价格最低的就是最合适的。

（3）服务水平评价指标：包括售前沟通、售中协调、售后服务。服务是柔性指标，但是至关重要。做好售前沟通可以为用户量身订制满足要求的产品；售中协调可以保证直接响应用户的变更要求，保障按时交货，货物在运输途中完好无损；售后服务可以协助用户正确安装，指导用户维护和使用，及时处理各项质量异议，尽全力支持生产的正常运转。该指标值越大越好。

（4）技术水平评价指标：包括现有核心技术在同行业中的位置、技术问题的解决能力、产品广度、基础设施、机器设备以及布局等。候选合作伙伴对它自身物品物流作业能力及其技术解决能力越强，直接影响到它是否能够适应核心企业需求的快速变化，特别是在 JIT 生产模式和采购过程中。该指标值越大越好。

（5）企业环境评价指标：包括经济与技术环境、自然地理位置、社会文化环境等。候选合作伙伴的企业环境直接影响到核心企业产成品在市场的声誉或服务质量声誉，特别是候选企业的地理环境。当取地理位置时距离越近越好，即该指标值越小越好。

（6）供应能力评价指标：包括产品广度、设备能力以及其合作伙伴的支持力，包括上游企业的稳定性、生产外协加工程度等。供应商供应能力的高低直接影响核心企业对备件需求实现的程度。该指标值越高越好。

（7）效益水平评价指标：包括国外市场占有率、

国内市场占有率、净资产收益、新产品数量。知己知彼，才能百战不殆。充分了解供应商的国内外市场占有率，企业就能够为自己正确定位，为供应商合理定位，非常有利于企业与供应商战略性合作协议的谈判。明细供应商的净资产收益、新产品数量，既可以清楚供应商承接订单的能力，又可以保证企业所需备件的更新升级的需求得以实现。该指标值越高越好。

（8）交货稳定性评价指标：核心企业对备件供应商的交货能力十分关注，尤其是对关键备件的交货要求极为严格。往往核心企业的停产检修日程安排十分紧凑，交货稍一滞后就会给企业造成很大损失。该指标值越高越好，显然交货过分提前和滞后都不好。

（9）响应柔性评价指标：包括供应商对市场变化的敏捷性水平和信息系统柔性和组织柔性等。众所周知，市场的变化瞬息万变，用户的产品需要更新换代，对备件的需求也会越来越高，供应商只有一定的柔性才能适时满足用户，甚至超前地给予用户增值服务。该指标值越大越好。

（10）市场影响度评价指标：市场影响度是用户以及同行业竞争伙伴对供应商投入市场产品的综合反映，对我们了解供应商整体状况、其产品适用性等都具有重要意义。该指标值越高越好。

除以上指标以外，核心企业还有一些也十分重要的指标可以考虑，如：供应商的绿色供应链要求，即在全球倡导绿色经济的今天，供应商本身是否注重环保以及其产品是否是绿色产品。注重环保的供应商才会有越发广阔的发展空间，供应商绿色的产品才能为核心企业带来积极的影响。供应商处理危机的态度和机制，即供应商在其经营运作过程中是否有一套危机评估、预防和处理的程序，以降低危机发生的可能性，并且当危机发生后能够以最快的速度解决问题，恢复生产，把危机造成的损失降低到最小，保障供应链的正常运转。

## 8.4 基于粗糙集理论的最佳伙伴型备件供应商选择

当前，供应链管理的关键在于供应链各个节点企业之间相互协作和联接，以及相互之间在供应链设计、服务、产品生产、营销等方面的协调，最终使整条供应链满足物流反应快速化、服务系列化、作业规范化、目标系统化、手段现代化、组织网络化和成本合理化的要求。所以核心企业寻找最佳供应链合作伙伴已经成为企业乃至整条供应链成败的关键。

如前所述，对于供应商的评价选择方法，常见的有直观判断法、基于成本的选择方法、线性权重法、数学规划方法、层次分析法、模糊评价法等。这些方法对评价过程中的不确定和不完备信息考虑不周，对指标体系中包含冗余的指标，及一些评价指标之间的相关性、相互矛盾的现象无法处理，而且涉及指标权重系数的确定，具有较大的主观随意性。这里尝试在已建立的新的指标体系的基础上，应用粗糙集理论来帮助核心企业选择最佳合作伙伴。

粗糙集（Rough Set）理论是 20 世纪 80 年代初由波兰数学家 Pawlak 提出的一种处理模糊和不确定性的

新型数学工具[151]，它无须如何附加信息和先验知识，能有效地分析和处理不精确、不完整、不一致等各种不完备数据，消除冗余信息，并从中发现隐含有价值的信息，揭示潜在的规律。粗糙集的主要思想是根据已有的对给定问题的知识，通过对实测数据本身进行分类处理，将问题的论域进行划分，在保留关键数据信息的前提下对数据进行化简并求出知识约简和核，评估数据间的依赖关系，导出概念的分类规则。经过20余年的发展，该理论已经在决策支撑、近似推理、模式识别、数据库知识发现等领域中得到了成功的运用。现在有一些学者将粗糙集理论引入决策科学，利用粗糙集的不依赖先验知识，只需数据本身得出数据中蕴含的性质这一特点，能客观地确定各种指标的权重[152]。

### 8.4.1 粗糙集基本理论概述

粗糙集理论是一种新的处理模糊和不确定性知识的数学工具，其主要思想就是在保持分类能力不变的前提下，通过知识约简，在保护知识库分类不变的条件下，删除其中不相关或不重要的知识，从而导出问题的决策或分类规则[152]。

(1) 知识表达系统

在粗糙集理论中，客观世界或对象世界被抽象为一个知识表达系统，也称为属性—值系统。这些对象的知识是通过指定对象的属性和它们的属性值来描述的。一般地说，一个知识表达系统 $S$ 可表示为一个四元组：

$$S = < U,M,V,f >$$

其中：$U$ 是对象的有限集合，$U = \{u_1, u_2, \cdots, u_n\}$，即 $S$ 的论域。$M$ 是属性的有限集合，$M = \{m_1, m_2, \cdots, m_j\}$；$V$ 是属性的值域集，$V = \{v_1, v_2, \cdots, v_i\}$，其中 $v_i$ 是属性 $m_j$ 的值域；$f: U \times M \rightarrow V$ 是一个信息函数，它指定 $U$ 中每一个对象 $u$ 的属性值。通常属性集 M 常常又划分为两个子集 $C$ 和 $D$，$M = C \cup D$，且 $C \cap D = \Phi$，其中 $C$ 表示属性集，$C = \{c_1, c_2, \cdots, c_m\}$；$D$ 表示决策属性集，$D = \{d_1, d_2, \cdots, d_k\}$；如果将属性集 $M$ 分为条件属性集 $C$ 和决策属性集 $D$，则上述四元组又可表示成：$S = < U, C, D, V, f >$，知识表达系统可以方便地用数据表形式来表示。在数据表形式中，列表表示属性，行表示对象，并且每一行表示该对象的一条信息。因此，知识表达系统也称为信息表或者决策表。

对于每个属性子集 $B \subseteq M$，定义一个不可分辨二元关系（不分明关系）$IND(B)$，即 $IND(B) = \{(x, y) \mid (x, y) \in U^2, \forall b \in B(b(x) = b(y))\}$，且 $IND(B) = \underset{b \in B}{I} IND(\{b\})$。

**定义 1** 设 $T = (U, M, C, D)$ 是一个决策表，函数 $d_x : M \rightarrow V$，使得 $d_x(m) = m(x)$。其中 $m \in M$，$x \in U$，$X \subset U$ 称 $d_x$ 是 $T$ 上的一条决策规则。

若 $m \in C \subset M$，则记 $d_x \mid C$ 是决策规则的条件部分，若 $m \in D \subset M$，则记 $d_x \mid D$ 是决策规则的结论部分。

**定义 2** 如果对任一个体 $y \neq x$，$d_x \mid C = d_y \mid C \rightarrow d_x \mid D = d_y \mid D$，则称 $d_x$ 是一致的，否则 $d_x$ 是不一致的。

**定义 3** 如果对所有的决策规则都是一致的，则

它们所处的决策表 $T=(U,M,C,D)$ 是一致的，否则它们所在的决策表是非一致的。

**定义 4** 设 $T=(U,M,C,D)$ 是一个决策表，其条件属性和决策性属性分别为 $C$ 和 $D$，称 $D$ 在 $S$ 中以程度 $k(0\leqslant k\leqslant 1)$，依赖于 $C$，记为 $C\rightarrow_{T,K}D$，其中

$$k=card(POS_{c}(D))/card(U)$$

$POS_{c}(D)$ 是 $D$ 的 $C$ 正区域。

①若 $k=1$，简写为 $C\rightarrow_{T}D$，则 $IND(C)\subseteq IND(D)$；

②若 $k=0$，则 $D$ 全不依赖 $C$。

命题 1 决策表 $T=(U,M,C,D)$ 是一致的当且仅当为 $C\rightarrow_{T}D$。

命题 2 每个决策表 $T=(U,M,C,D)$ 都能唯一地分解成两个决策表 $T_1=(U_1,M,C,D)$ 和 $T_2=(U_2,M,C,D)$，使 $T_1$ 是一致的，依赖度 $k=1$，另外一个 $T_2$ 是完全不一致的，其依赖度 $k=0$。

（2）属性的约简和核

在知识表达系统 $S=<U,M,V,f>$ 中，每一个对象是利用条件属性 $C$ 的属性值来描述的。在这些属性当中，有一些属性是冗余的，因此有必要对这些冗余的属性进行约简。

**定义 5** 令 $R\in C$ 为条件属性的非空子集，如果存在一子集 $r\in R$，有 $IND(r)=IND(R)$，则称 $R$ 为属性的依赖集，否则，$R$ 称为独立集。

**定义 6** 如果 $R\in C$ 是独立集，且 $IND(C)=IND(R)$，则称 $R$ 为 $C$ 的简化。即 $C$ 的简化是条件属性的最大独立集；通常 $C$ 的简化不止一个，$C$ 的所有

简化族记为 $\mathrm{Re}\ d(C)$ 。

**定义 7** 对于任一个属性 $r \in C$ ，如果 $IND(C) \neq IND(C-\{r\})$ 则称 $r$ 为 $C$ 中不可省略的；否则称 $r$ 为 $C$ 中可省略的。$C$ 中所有不可省略属性的集合称为 $C$ 的核（Core），记为 $CORE$（$C$），且有 $CORE(C) = \cap Red(C)$，即 $C$ 的核包含在 $C$ 的所有简化族中。

决策表的简化就是化简表中的条件属性，即去除冗余的条件属性，在删除这些属性后不会影响原有的表达效果。

（3）属性值约简

决策表 $S = \langle U,C,D,V,f \rangle$ ，对于任意的 $x \in U$ ，用 $d_x$ 表示决策规则，即 $d_x: des([x]_C) \Rightarrow des([x]_D)$，$d_x(a) = a(x), a \in C \cup D$ 且 $d_xCC$, $d_x \mid D$ 分别称为 $d_x$ 的条件和决策。

**定义 8** 对一个相容知识信息系统 $S$，对决策规则 $d_x$ 有 $[x]_C \subseteq [x]_D$ 。若 $\forall r \in C$ ，有 $[X]_{C \setminus \{r\}} \not\subset [X]_D$ ，则 $r$ 为 $d_x$ 的核值属性，$r$ 为 $d_x$ 中不可省略的；若 $[X]_{C \setminus \{r\}} \subseteq [X]_D$ ，则 $r$ 不是 $d_x$ 的核值属性，$r$ 为 $d_x$ 中可省略的。该命题指出一条决策规则的条件属性值可被约去当且仅当约去该值之后保持此规则的一致性。

另外，决策属性 $D$ 对条件属性 $C$ 的依赖度用：$\gamma_C(D) = |Pos_C(D)|/|U|$ 来计算，重要性规则为：$\sigma_{CD}(C_i) = \gamma_C(D) - \gamma_{C-C_i}(D)$ ，该值越大则说明该 $C_i$ 越重要。

### 8.4.2 基于粗糙集的供应链合作伙伴选择步骤

基于粗糙集的供应链合作伙伴选择模型的基本思路是，先应用粗糙集理论对候选合作伙伴集合（论域）进行不可区分分类，并确定“必要的”指标和它们的“重要性程度（权重）”[154]。最后，对各个候选合作伙伴企业进行综合评估并排序，最后确定核心企业的战略性合作伙伴。

该过程可以用图 8-1 加以表示。

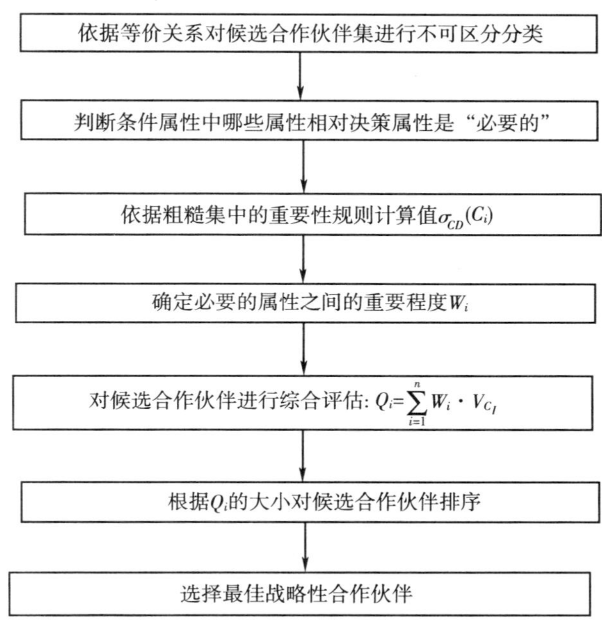


图 8-1　基于粗糙集的供应链战略性合作伙伴评价选择模型

### 8.4.3　基于粗糙集的供应链合作伙伴选择模型

核心企业首先根据供应链需求确定了供应链战略性合作伙伴选择评价指标，并应用这些指标体系长期实际考察其历史的和潜在的合作伙伴，直接排除那些完全不可能成为其合作伙伴的企业，剩下的就是最具有竞争力成为其战略性合作伙伴的候选企业。

目前，A 公司迁钢公司 2250 热带轧机工作辊国外供应商有 11 家，每家公司各有千秋，这里运用基于粗糙集的方法来评价选择出其中最优的企业作为 A 公司的战略性伙伴。

经过初步筛选，从 11 家国际供应商中剔除已经发生过较多大质量问题的 1 家，选取其余 10 家轧辊供应商，分别以序号 1～10，记 $U=(1,2,3,\cdots,10)$ 为研究对象（论域），即 A 公司采购部门认为具有竞争力的候选企业的集合，每个候选合作伙伴用一个数字代表；$C_i$ 代表候选合作伙伴的第 $i$ 个指标属性，如 $C_i$ 可以代表指标中信息系统的柔性，每个 $C_i$ 都有一个唯一的指标和它对应，$D$ 为决策属性集，在这里 $D$ 代表候选合作伙伴历史评估结果。通过从采购部门、迁钢热轧分厂提报的相关报表以及轧辊专家的评估意见，得到 A 公司迁钢 2250 热带轧机工作辊的 8 家候选战略性合作伙伴企业的具体资料，可以用下面这个信息系统表示，该信息系统的决策表见表 8-3。

**信息系统决策表**　　表 8-3

| 候选合作伙伴 | 条件属性 | | | | | | | | | | 决策属性 |
|---|---|---|---|---|---|---|---|---|---|---|---|
| | 市场影响度 | 产品质量（t/mm） | 产品吨单价（万元） | 服务水平（次/年） | 地理位置 | 技术水平 | 供应能力（t） | 效益水平（千万元） | 交货稳定性 | 响应柔性 | 上年度评价结果 |
| | $C_1$ | $C_2$ | $C_3$ | $C_4$ | $C_5$ | $C_6$ | $C_7$ | $C_8$ | $C_9$ | $C_{10}$ | $D$ |
| 1 | 一般 | 3600 | 4.0 | 6 | 日本 | 一般 | 23000 | 8.6 | 0.93 | 0.92 | 否 |
| 2 | 好 | 5000 | 3.7 | 8 | 奥地利 | 好 | 20000 | 9.8 | 0.99 | 0.98 | 待定 |
| 3 | 较好 | 4100 | 3.1 | 6 | 英国 | 较好 | 20000 | 7 | 0.93 | 0.92 | 否 |
| 4 | 一般 | 4750 | 4.1 | 5 | 日本 | 好 | 22000 | 9.7 | 0.93 | 0.94 | 是 |
| 5 | 较好 | 3800 | 3.8 | 3 | 巴西 | 一般 | 53000 | 16 | 0.95 | 0.96 | 否 |

续上表

| 候选合作伙伴 | 条件属性 | | | | | | | | | | 决策属性 |
|---|---|---|---|---|---|---|---|---|---|---|---|
| | 市场影响度 | 产品质量（t/mm） | 产品吨单价（万元） | 服务水平（次/年） | 地理位置 | 技术水平 | 供应能力（t） | 效益水平（千万元） | 交货稳定性 | 响应柔性 | 上年度评价结果 |
| | $C_1$ | $C_2$ | $C_3$ | $C_4$ | $C_5$ | $C_6$ | $C_7$ | $C_8$ | $C_9$ | $C_{10}$ | $D$ |
| 6 | 较好 | 4200 | 3.0 | 6 | 意大利 | 较好 | 23500 | 8.3 | 0.97 | 0.96 | 待定 |
| 7 | 较好 | 4500 | 3.9 | 4 | 美国 | 较好 | 58000 | 19.8 | 0.96 | 0.95 | 待定 |
| 8 | 好 | 4650 | 3.7 | 8 | 瑞典 | 好 | 90000 | 30 | 0.98 | 0.99 | 是 |
| 9 | 一般 | 3500 | 2.8 | 6 | 韩国 | 一般 | 25000 | 8.5 | 0.92 | 0.93 | 待定 |
| 10 | 较好 | 4150 | 2.9 | 4 | 英国 | 较好 | 21000 | 8 | 0.95 | 0.97 | 否 |

对上面信息系统决策表中的各个条件属性值进行离散化处理，离散规则详见表 8-4。

**离 散 规 则** 表 8-4

| 指标名称 | 范围值 | 取值 |
|---|---|---|
| 市场影响度，技术水平 | 一般 | 1 |
| | 较好 | 2 |
| | 好 | 3 |
| 产品质量（t/mm） | 4000 以下 | 1 |
| | 4100～4500 | 2 |
| | 4600 以上 | 3 |

续上表

| 指标名称 | 范围值 | 取值 |
| --- | --- | --- |
| 产品吨单价（万元） | 2.8～3.2 | 1 |
| | 3.3～3.7 | 2 |
| | 3.8～4.2 | 3 |
| 服务水平（次/年） | 3～4 | 1 |
| | 5～6 | 2 |
| | 7～8 | 3 |
| 地理位置 | 亚洲 | 1 |
| | 欧洲 | 2 |
| | 美洲 | 3 |
| 供应能力（t） | 20000～39000 | 1 |
| | 40000～59000 | 2 |
| | 60000t 以上 | 3 |
| 效益水平（千万欧元） | 10（含）以下 | 1 |
| | 10～20（含） | 2 |
| | 20 以上 | 3 |
| 交货稳定性，响应柔性 | 0.92～0.94 | 1 |
| | 0.95～0.97 | 2 |
| | 0.98～1.00 | 3 |

按照离散规则对指标评价结果离散化后的信息系统决策表详见表 8-5。

离散化后的信息系统决策表　　　表 8-5

| 候选合作伙伴 | 条件属性 | | | | | | | | | | 决策属性 |
|---|---|---|---|---|---|---|---|---|---|---|---|
| | 市场影响度 | 产品质量（t/mm） | 产品吨单价（万元） | 服务水平（次/年） | 地理位置 | 技术水平 | 供应能力（t） | 效益水平（千万元） | 交货稳定性 | 响应柔性 | 上年度评价结果 |
| | $C_1$ | $C_2$ | $C_3$ | $C_4$ | $C_5$ | $C_6$ | $C_7$ | $C_8$ | $C_9$ | $C_{10}$ | $D$ |
| 1 | 1 | 1 | 3 | 2 | 1 | 1 | 1 | 1 | 1 | 1 | 否 |
| 2 | 3 | 3 | 2 | 3 | 2 | 3 | 1 | 1 | 3 | 3 | 待定 |
| 3 | 2 | 2 | 1 | 2 | 2 | 2 | 1 | 1 | 1 | 1 | 否 |
| 4 | 1 | 3 | 3 | 2 | 1 | 3 | 1 | 1 | 1 | 1 | 是 |
| 5 | 2 | 1 | 3 | 1 | 3 | 1 | 2 | 2 | 2 | 2 | 否 |
| 6 | 2 | 2 | 1 | 2 | 2 | 2 | 1 | 1 | 2 | 2 | 待定 |
| 7 | 2 | 2 | 3 | 1 | 3 | 2 | 2 | 2 | 2 | 2 | 待定 |
| 8 | 3 | 3 | 2 | 3 | 2 | 3 | 3 | 3 | 3 | 3 | 是 |
| 9 | 1 | 1 | 1 | 2 | 1 | 1 | 1 | 1 | 1 | 1 | 待定 |
| 10 | 2 | 2 | 1 | 1 | 2 | 2 | 1 | 1 | 2 | 2 | 否 |

从表 8-5 可以看出，产品质量与技术水平，供应能力与效益水平，交货稳定性与响应柔性等条件属性离散化后的值是一样的，即他们对于论域的分类划分是一样的，对决策者起的作用只用其中一个表示就可以，故选取它们其中的一个。上述表可以进一步简化得表 8-6。

**简化后的信息系统决策表** 表 8-6

| 候选合作伙伴 | 条件属性 | | | | | | | 决策属性 |
|---|---|---|---|---|---|---|---|---|
| | 市场影响度 | 产品质量（km/mm） | 产品吨单价（万元） | 服务水平（次/年） | 地理位置 | 供应能力（t） | 交货稳定性 | 上年度评价结果 |
| | $C_1$ | $C_2$ | $C_3$ | $C_4$ | $C_5$ | $C_7$ | $C_9$ | $D$ |
| 1 | 1 | 1 | 3 | 2 | 1 | 1 | 1 | 否 |
| 2 | 3 | 3 | 2 | 3 | 2 | 1 | 3 | 待定 |
| 3 | 2 | 2 | 1 | 2 | 2 | 1 | 1 | 否 |
| 4 | 1 | 3 | 3 | 2 | 1 | 1 | 1 | 是 |
| 5 | 2 | 1 | 3 | 1 | 3 | 2 | 2 | 否 |
| 6 | 2 | 2 | 1 | 2 | 2 | 1 | 2 | 待定 |
| 7 | 2 | 2 | 3 | 1 | 3 | 2 | 2 | 待定 |
| 8 | 3 | 3 | 2 | 3 | 2 | 3 | 3 | 是 |
| 9 | 1 | 1 | 1 | 2 | 1 | 1 | 1 | 待定 |
| 10 | 2 | 2 | 1 | 1 | 2 | 1 | 2 | 否 |

依据条件属性和决策属性分别对论域进行不可区分分类：

$U/\{C\} = \{\{1\},\{2\},\{3\},\{4\},\{5\},\{6\},\{7\},\{8\},\{9\},\{10\}\}$；

$U/\{C_1\} = \{\{1,4,9\},\{3,5,6,7,10\},\{2,8\}\}$；

$U/\{C_2\} = \{\{1,5,9\},\{3,6,7,10\},\{2,4,8\}\}$；

$U/\{C_3\} = \{\{3,6,9,10\},\{2,8\},\{1,4,5,7\}\}$；

$U/\{C_4\} = \{\{5,7,10\},\{1,3,4,6,9\},\{2,8\}\}$；

$U/\{C_5\} = \{\{1,4,9\},\{2,3,6,8,10\},\{5,7\}\}$；

$U/\{C_7\} = \{\{1,2,3,4,6,9,10\},\{5,7\},\{8\}\}$；

$U/\{C_9\} = \{\{1,3,4,9\},\{5,6,7,10\},\{2,8\}\}$；

$U/D=\{\{4,8\},\{2,6,7,9\},\{1,3,5,10\}\}$；

$U/(C-\{C_1\})=\{\{1\},\{2\},\{3\},\{4\},\{5\},\{7\},\{8\},\{9\},\{10\}\}$；

$U/(C-\{C_2\})=\{\{1,4\},\{5,7\},\{2\},\{3\},\{6\},\{8\},\{9\},\{10\}\}$；

$U/(C-\{C_3\})=\{\{1,9\},\{2\},\{3\},\{4\},\{5\},\{6\},\{7\},\{8\},\{10\}\}$；

$U/(C-\{C_4\})=\{\{6,10\},\{1\},\{2\},\{3\},\{4\},\{5\},\{7\},\{8\},\{9\}\}$；

$U/(C-\{C_5\})=\{\{1\},\{2\},\{3\},\{4\},\{5\},\{6\},\{7\},\{8\},\{9\},\{10\}\}$；

$U/(C-\{C_7\})=\{\{2,8\},\{1\},\{3\},\{4\},\{5\},\{6\},\{7\},\{9\},\{10\}\}$；

$U/(C-\{C_9\})=\{\{3,6\},\{1\},\{2\},\{4\},\{5\},\{7\},\{8\},\{9\},\{10\}\}$。

进一步确定各个条件属性中那些是 $C$ 中 $D$ 必要的，哪些是 $C$ 中 $D$ 不必要的。

因为 $Pos_c(D)=\underset{X\in U/D}{Y}CX=\{1,2,3,4,5,6,7,8,9,10\}$ $Pos_{(c-\{C_1\})}(D)=\{1,2,3,4,5,6,7,8,9,10\}$；

$Pos_{(c-\{C_2\})}(D)=\{2,3,6,8,9,10\}$；

$Pos_{(c-\{C_3\})}(D)=\{2,3,4,5,6,7,8,10\}$；

$Pos_{(c-\{C_4\})}(D)=\{1,2,3,4,5,7,8,9\}$；

$Pos_{(c-\{C_5\})}(D)=\{1,2,3,4,5,6,7,8,9,10\}$；

$Pos_{(c-\{C_7\})}(D)=\{1,3,4,5,6,7,9,10\}$；

$Pos_{(c-\{C_9\})}(D)=\{1,2,4,5,7,8,9,10\}$。

$Pos_{(c-\{C_2\})}(D)\neq Pos_c(D)$，所以 $C_2$ 为 $C$ 中 $D$ 必要的；

$Pos_{(c-\{C_3\})}(D) \neq Pos_c(D)$，所以 $C_3$ 为 $C$ 中 $D$ 必要的；

$Pos_{(c-\{C_4\})}(D) \neq Pos_c(D)$，所以 $C_4$ 为 $C$ 中 $D$ 必要的；

$Pos_{(c-\{C_7\})}(D) \neq Pos_c(D)$，所以 $C_7$ 为 $C$ 中 $D$ 必要的；

$Pos_{(c-\{C_9\})}(D) \neq Pos_c(D)$，所以 $C_9$ 为 $C$ 中 $D$ 必要的；

$Pos_{(c-\{C_1\})}(D) = Pos_c(D)$，所以 $C_1$ 为 $C$ 中 $D$ 不必要的；

$Pos_{(c-\{C_5\})}(D) = Pos_c(D)$，所以 $C_5$ 为 $C$ 中 $D$ 不必要的。

确定各个指标的重要程度（权重）。

$\sigma_{CD}(C_1) = \gamma_C(D) - \gamma_{C-C_1}(D) = |Pos_C(D)|/|U| - |Pos_{C-C_1}(D)|/|U| = 1-1=0$；

$\sigma_{CD}(C_2) = \gamma_C(D) - \gamma_{C-C_2}(D) = |Pos_C(D)|/|U| - |Pos_{C-C_2}(D)|/|U| = 1-6/10=2/5$；

$\sigma_{CD}(C_3) = \gamma_C(D) - \gamma_{C-C_3}(D) = |Pos_C(D)|/|U| - |Pos_{C-C_3}(D)|/|U| = 1-8/10=1/5$；

$\sigma_{CD}(C_4) = \gamma_C(D) - \gamma_{C-C_4}(D) = |Pos_C(D)|/|U| - |Pos_{C-C_4}(D)|/|U| = 1-8/10=1/5$；

$\sigma_{CD}(C_5) = \gamma_C(D) - \gamma_{C-C_5}(D) = |Pos_C(D)|/|U| - |Pos_{C-C_5}(D)|/|U| = 1-1=0$；

$\sigma_{CD}(C_7) = \gamma_C(D) - \gamma_{C-C_7}(D) = |Pos_C(D)|/|U| - |Pos_{C-C_7}(D)|/|U| = 1-8/10=1/5$；

$\sigma_{CD}(C_9) = \gamma_C(D) - \gamma_{C-C_9}(D) = |Pos_C(D)|/|U| - |Pos_{C-C_9}(D)|/|U| = 1-8/10=1/5$。

由上面的重要性程度数值可以看出，$C_2$ 重要性最大，其次是 $C_3$ 、$C_4$ 、$C_7$ 和 $C_9$ ，而 $C_1$ 、$C_5$ 不重要。下面针对 $C_2$ 、$C_3$ 、$C_4$ 、$C_7$ 、$C_9$ 分别确定它们之间的权重。

其中：

$$C_2 \text{ 的权重为：} \omega_2 = \frac{2/5}{2/5 + 1/5 + 1/5 + 1/5 + 1/5} = 2/6 = 1/3 ;$$

$$C_3 \text{ 的权重为：} \omega_3 = \frac{1/5}{2/5 + 1/5 + 1/5 + 1/5 + 1/5} = 1/6 ;$$

$$C_4 \text{ 的权重为：} \omega_4 = \frac{1/5}{2/5 + 1/5 + 1/5 + 1/5 + 1/5} = 1/6 ;$$

$$C_7 \text{ 的权重为：} \omega_7 = \frac{1/5}{2/5 + 1/5 + 1/5 + 1/5 + 1/5} = 1/6 ;$$

$$C_9 \text{ 的权重为：} \omega_9 = \frac{1/5}{2/5 + 1/5 + 1/5 + 1/5 + 1/5} = 1/6 ;$$

以上权重是根据数学方法计算得到的，是客观的权重值。通常情况下，决策者会拥有对各个条件属性的先验知识权重用来衡量属性的相对重要性。在不同的决策环境下，相同的属性对决策输出会有不同的影响，即权重对环境敏感。粗集理论中的属性重要度即表达了当前数据环境下属性对决策的影响，但它不能反映决策者的先验知识。因此，将二者结合起来确定属性的权重可以得到比较理想的结果。这里将粗集理论同决策者先验知识结合起来，即将由大量的历史数据确定出来的客观的属性重要度同由主观的先验知识确定的属性权重结合起来确定最终的综合权重，从而实现主观先验知识同客观情况的统一。这里，也采用客观权重与主观权重相结合的方法来对供应商进行综合评价。专家评议得到的权重值见表8-7。

**专家确定权重值** 表8-7

| 指标名称 | 市场影响度 | 产品质量 | 产品吨单价 | 服务水平 | 地理位置 | 技术水平 | 供应能力 | 效益水平 | 交货稳定性 | 响应柔性 |
|---|---|---|---|---|---|---|---|---|---|---|
| | $C_1$ | $C_2$ | $C_3$ | $C_4$ | $C_5$ | $C_6$ | $C_7$ | $C_8$ | $C_9$ | $C_{10}$ |
| 权重值(%) | 5 | 20 | 10 | 15 | 5 | 10 | 10 | 5 | 15 | 5 |

我们按照客观权重占60%，专家确定的权重占40%的比例计算得到最终权重值，详见表8-8。

**最终指标权重值** 表8-8

| 指标名称 | 市场影响度 | 产品质量 | 产品吨单价 | 服务水平 | 地理位置 | 技术水平 | 供应能力 | 效益水平 | 交货稳定性 | 响应柔性 |
|---|---|---|---|---|---|---|---|---|---|---|
| | $C_1$ | $C_2$ | $C_3$ | $C_4$ | $C_5$ | $C_6$ | $C_7$ | $C_8$ | $C_9$ | $C_{10}$ |
| 专家权重(%) | 5 | 20 | 10 | 15 | 5 | 10 | 10 | 5 | 15 | 5 |
| 客观权重 | 0 | 1/3 | 1/6 | 1/6 | 0 | 0 | 1/6 | 0 | 1/6 | 0 |
| 最终权重值 $w_i$(%) | 2 | 28 | 14 | 16 | 2 | 4 | 14 | 2 | 16 | 2 |

在多指标评价中，由于各个指标的单位不同、量纲不同和数量级不同，因此直接加权相加必然会影响评价的结果，甚至会造成决策的失误。为了统一标准，必须进行预处理，即对所有的评价指标进行标准化处

理，把所有指标值转化为无量纲、无数量级差别的标准分，然后再进行评价和决策。

（1）定量指标利用极差变换法进行标准化处理

令：$f_j^{\wedge} = \max\limits_{1 \leqslant i \leqslant m} x_{ij} > 0$，$f_j^{\vee} = \min\limits_{1 \leqslant i \leqslant m} x_{ij} > 0$，

对于效益指标，定义：$r_{ij} = \dfrac{x_{ij} - f_j^{\vee}}{f_j^{\wedge} - f_j^{\vee}}$；

对于成本指标，定义：$r_{ij} = \dfrac{f_j^{\wedge} - x_{ij}}{f_j^{\wedge} - f_j^{\vee}}$。

（2）定性模糊指标的量化处理

对于供应商的评价，既有定量的指标，还有一些只能是做出定性的描述的指标，如技术水平高，市场影响度较好等。对于这些定性模糊指标，必须赋值使其量化，详见表8-9。

**模糊指标的量化得分**　　表8-9

| | | | | | | | | |
|---|---|---|---|---|---|---|---|---|
| 效益指标 | 指标状况 | | 很低 | 低 | 一般 | 较好 | 好 | |
| | 量化得分 | 0 | 1 | 3 | 5 | 7 | 9 | 10 |
| 成本指标 | 指标状况 | | 很远 | 远 | 一般 | 较近 | 近 | |
| | 量化得分 | 10 | 9 | 7 | 5 | 3 | 1 | 0 |

根据以上方法进行标准化处理后，得到表8-10。

**标准化决策指标值**　　表8-10

| 候选合作伙伴 | 市场影响 | 产品质量 | 产品吨单价 | 服务水平 | 地理位置 | 技术水平 | 供应能力 | 效益水平 | 交货稳定性 | 响应柔性 |
|---|---|---|---|---|---|---|---|---|---|---|
| | $C_1$ | $C_2$ | $C_3$ | $C_4$ | $C_5$ | $C_6$ | $C_7$ | $C_8$ | $C_9$ | $C_{10}$ |
| 1 | 5 | 0.07 | 0.08 | 0.6 | 3 | 5 | 0.04 | 0.07 | 0.14 | 0 |
| 2 | 9 | 1 | 0.31 | 1 | 5 | 9 | 0 | 0.12 | 1 | 0.86 |
| 3 | 7 | 0.4 | 0.77 | 0.6 | 5 | 7 | 0 | 0 | 0.14 | 0 |

续上表

| 候选合作伙伴 | 市场影响 $C_1$ | 产品质量 $C_2$ | 产品吨单价 $C_3$ | 服务水平 $C_4$ | 地理位置 $C_5$ | 技术水平 $C_6$ | 供应能力 $C_7$ | 效益水平 $C_8$ | 交货稳定性 $C_9$ | 响应柔性 $C_{10}$ |
|---|---|---|---|---|---|---|---|---|---|---|
| 4 | 5 | 0.83 | 0 | 0.4 | 3 | 9 | 0.03 | 0.12 | 0.14 | 0.29 |
| 5 | 7 | 0.2 | 0.23 | 0 | 9 | 5 | 0.47 | 0.39 | 0.43 | 0.57 |
| 6 | 7 | 0.47 | 0.85 | 0.6 | 5 | 7 | 0.05 | 0.06 | 0.71 | 0.57 |
| 7 | 7 | 0.67 | 0.15 | 0.2 | 9 | 7 | 0.54 | 0.56 | 0.57 | 0.43 |
| 8 | 9 | 0.77 | 0.31 | 1 | 5 | 9 | 1 | 1 | 0.86 | 1 |
| 9 | 5 | 0 | 1 | 0.6 | 3 | 5 | 0.07 | 0.07 | 0 | 0.14 |
| 10 | 7 | 0.43 | 0.92 | 0.2 | 5 | 7 | 0.01 | 0.04 | 0.43 | 0.71 |

其中量化成得分的市场影响度、地理位置、技术水平三个指标，需进一步做标准化处理。最后对各个候选合作伙伴综合评价：$Q_j = \sum_{i=1}^{n} W_i \cdot V_{C_{IJ}}, Q_i$ 越大，则 $j$ 候选合作伙伴的竞争力就越强，最大的就是最佳候选合作伙伴。各个供应商加权得分详见表 8-11。

**供应商评价结果** 表 8-11

| 候选合作伙伴 | 市场影响度 $C_1$ | 产品质量 $C_2$ | 产品吨单价 $C_3$ | 服务水平 $C_4$ | 地理位置 $C_5$ | 技术水平 $C_6$ | 供应能力 $C_7$ | 效益水平 $C_8$ | 交货稳定性 $C_9$ | 响应柔性 $C_{10}$ | 评价结果 $Q_j$ |
|---|---|---|---|---|---|---|---|---|---|---|---|
| 1 | 0 | 0.07 | 0.08 | 0.6 | 1 | 0 | 0.04 | 0.07 | 0.14 | 0 | 0.18 |
| 2 | 1 | 1 | 0.31 | 1 | 0.67 | 1 | 0 | 0.12 | 1 | 0.86 | 0.74 |
| 3 | 0.5 | 0.4 | 0.77 | 0.6 | 0.67 | 0.5 | 0 | 0 | 0.14 | 0 | 0.38 |
| 4 | 0 | 0.83 | 0 | 0.4 | 1 | 1 | 0.03 | 0.12 | 0.14 | 0.29 | 0.39 |
| 5 | 0.5 | 0.2 | 0.23 | 0 | 0 | 0 | 0.47 | 0.39 | 0.43 | 0.57 | 0.25 |
| 6 | 0.5 | 0.47 | 0.85 | 0.6 | 0.67 | 0.5 | 0.05 | 0.06 | 0.71 | 0.57 | 0.52 |
| 7 | 0.5 | 0.67 | 0.15 | 0.2 | 0 | 0.5 | 0.54 | 0.56 | 0.57 | 0.43 | 0.46 |
| 8 | 1 | 0.77 | 0.31 | 1 | 0.67 | 1 | 1 | 1 | 0.86 | 1 | 0.81 |
| 9 | 0 | 0 | 1 | 0.6 | 1 | 0 | 0.07 | 0.07 | 0 | 0.14 | 0.27 |
| 10 | 0.5 | 0.43 | 0.92 | 0.2 | 0.67 | 0.5 | 0.01 | 0.04 | 0.43 | 0.71 | 0.41 |

如表所示，$Q_8 > Q_2 > Q_6 > Q_7 > Q_{10} > Q_4 > Q_3 > Q_9 > Q_5 > Q_1$，很显然，可以成为A公司最佳供应链合作伙伴的轧辊供应商为8，其次为2，第三是6。如果A公司想分散风险，需要多选几个合作伙伴的话，则按照上面的顺序从大到小再依次选取。

## 8.5 本章小结

基于粗糙集理论的评价方法无须任何附加信息和先验知识，能有效地分析和处理不精确、不完整、不一致等各种不完备数据，消除冗余信息，并从中发现隐含有价值的信息，揭示潜在的规律，评估数据间的依赖关系，导出概念的分类规则。

供应商管理是物流与供应链管理中的一个重要问题。本章在分析供应链环境下供应商管理特点的基础上，基于粗糙集理论，采用客观权重与主观权重相结合的方法，对供应商进行选择和评价。

# 参考文献

[1] Martin Christopher, John Gattorna. Supply chain cost management and value-based pricing. Industrial marketing management [J]. 34 (2005): 115 ~ 121

[2] 马士华，林勇. 供应链管理 [M]. 北京：机械工业出版社，2004

[3] Christopher, M. Logistics and supply chain management [M]. Pearson Education Limited, 1998

[4] Cooper M. C., Ellram L. M. Characteristics of supply chain management and the implications for purchasing and logistics strategy [J]. The International Journal of Logistics Management, 1993, (4): 13 ~ 24

[5] Cooper R., Slagmulder R. Supply chain development for the lean enterprise-interorganizational cost management [M]. Productivity Press, Portland, 2001

[6] Stevens G C. Integrating the supply chain [J]. International Journal of Physical Distribution and Material Management, 1989, 19 (8): 3 ~ 8

[7] Beamon B M. Supply chain design and analysis: models and methods [J]. International Journal of Production Economics, 1998, 55: 281 ~ 294

[8] 北京大学联泰供应链系统研究发展中心．中国供应链管理研究现状（2005）[M]．北京：对外经济贸易大学出版社，2006

[9] 杨建华，桑莉．供应链管理的现状与发展趋势[J]．工业工程，2003，6（3）：13～17

[10] Ellram L M. Supply chain management: the industrial organization perspective [J]. International Journal of Physical Distribution and Logistics Management, 1991, 21 (1): 13～22

[11] Chase R B, Aquilano N J, Jacobs R. Production and operations management: manufacturing and services [M]. McGraw-Hill, 1998

[12] 陈国权．供应链管理[J]．中国软科学，1999，(10)：101～104

[13] 马士华，王一凡，林勇．供应链管理对传统制造模式的挑战[J]．华中理工大学学报（社会科学版），1998（2）：65～68

[14] Simon Croom, Pietro Romano, Mihalis Giannakis. Supply chain management: an analytical framework for critical literature review [J]. European Journal of Purchasing & Supply Management, 2000 (6): 121～129

[15] Bechtel C., Jayaram J. Supply chain management: a strategy perspective [J]. International Journal of Logistics Management, 1997 (1): 87～98

[16] Andreas Otto, Herbert Kotzab. Does supply chain management really pay? Six perspectives to measure

the performance of managing a supply chain [J]. European Journal of Operational Research, 2003, 144 (2): 306~320

[17] Haul L Lee. Information in a supply chain [J]. Technology Management. 2000, 2: 21~19

[18] Chopra S, Meindl P. Supply Chain management: strategy planning and operation [M]. Upper Saddle Rive, NJ: Prentice-Hall, 2001

[19] Cooper MC, Lamber DM, pagh JD. Supply chain management: more than a new name of logistics [J]. The international Journal of Logistics Management, 1997, 8 (1): 1~13

[20] 黄小原. 供应链模型及其优化研究的现状与进展 [J]. 信息与控制, 2003, 2: 142~145, 159

[21] 董安邦, 廖志英. 供应链管理的研究综述 [J]. 工业工程, 2002 (5): 16~20

[22] Shapior J. Modeling the supply chain [M]. 北京: 中信出版社, 2001

[23] Min H, Zhou Q. Supply chain modeling: past, present and future [J]. Computers & Industrial Engineering, 2002, 43: 231~249

[24] 高峻峻. 不确定性需求下供应链中分销系统的建模与仿真 [D]. 东北大学博士学位论文, 2004

[25] Heckert, J, Brooks. The analysis and control distribution costs [M]. New York: The Ronald Press

ComPany, 1940

[26] Ellram L. M. A framework for total cost of ownership [J] . The International Journal of Logistics Management, 1993, 4 (2): 49 ~ 60

[27] Bowersox D. J. , Closs D. J. Logistical management—integrated supply chain process [M] . McGraw Hill, 1996

[28] Lalonde B. J. , Pohlen T. L. Issues in supply chain costing [J] . The International Joumal of Logistics Management, 1996, 17 (1): 1 ~ 12

[29] Manunen O. . An activity-based costing model for logistics operations of manufacturers and wholesales [J] . International Journal of Logistics: Research and Application, 2000, 3 (1): 53 ~ 65

[30] Beamon B. M. Measuring supply chain performance [J] . International Joumal of Operations & Production Management, 1999, 19 (3)

[31] Schultz, G. Supply chain metrics: shaping performance beyond the enterprise [J], APICS-The Performance Advantage 2000, (1): 40 ~ 43

[32] Selvang W. D. , Deng Z. , Rolstadas A. Architecture for performance measurement for supply chain analysis. IFIP, Beijing, P. R. C. 2000

[33] Scully J. , Faweett S. E. Comparative logistics and production costs for global manufacturing strategy [J], International Journal of Operation & Production Management, 1993, 13 (12): 62 ~ 78

[34] Lin B. , Collins J. , Su R. K. Supply chain costing: an activity-based perspective [J], International Journal of Physical Distribution & Logistics Management, 2001, 32 (10): 702~713

[35] Mclaren T. , Head M. , Yuan Y. Supply chain collaboration alternative: understanding the expected costs and benefits [J] . Internet Research: Electronic Networking Applications and Policy, 2002, 12 (4): 348~364

[36] Harri Kulmala, Jari paranko, Erkki-Rauva. The Role of cost management in network relationship [J] . Int. J. Production Economics, 2002. 7 (9)

[37] Handfield R. B. , Niehols E. L. Introduction to supply chain management [M], Prentice Hall, Upper Saddle River, NJ. 1999

[38] Seuring S. Gestaltungsoptionen dutch kosten management—Das Beispiel der Wertschopfungskette von Oko-Textilien (Opportunities through cost management: the example of the supply chain for Eeo-products in the apparel industry) in: Umweltwirtsehaftsforum, 1999, 7 (4): 18~23

[39] 罗文兵，邓明君. 制造企业的供应链成本管理 [J] . 中国乡镇企业会计，2005，(6): 32~33

[40] 纪作哲. 浅议供应链成本管理 [J] . 吉林经济管理干部学院学报，2001，(4): 45

[41] 索晨霞，邓子琼. 供应链成本分析 [J] . 工业技术经济，2004，(6): 86~88

[42] 李秉祥，许丽．供应链成本控制方法研究[J]．当代财经，2005，(2)：126~129

[43] 翁君，张余华．供应链成本管理新模式分析[J]．物流技术，2005，(3)：61~63

[44] Kajuter P. Proaktives kostenmanagement. Konzeption und Realprofile (proactive cost management. theoretical concept and empirical evidence), Verlag Gabler/DUV, Wiesbaden. 2000：14

[45] Croom S, Romano P, Giannakis M. Supply chain management: an analytical framework for critical literature review [J]. European Journal of Purchasing and Supply Management, 2000, (6): 67~83

[46] 艾宝俊．竞争成本论．北京：中国社会科学出版社 [M]．2006

[47] Stefan Seuring. Maria Goldbach. 供应链成本管理 [M]．北京：清华大学出版社，2004

[48] 罗文兵，邓明君．供应链成本管理研究综述 [J]．湘潭师范学院学报（自然科学版），2005 (3)：41~43

[49] Coase. R. H. The Nature of the firm [J]. Economical, 1937, 4 (3): 386~405

[50] 诺思. 交易成本、制度和经济史 [J]. 经济译文，1994 (2)：23~28

[51] 威廉姆森. 资本主义经济制度 [M]. 北京：商务印书馆，2002. 31~50

[52] 威廉姆森. 企业制度和市场组织 [M]. 上海：三联书店，1996. 169~205

[53] 张五常. 经济解释——张五常经济论文选 [M]. 北京：商务印书馆，2000. 407～408

[54] Seuring S. Supply chain costing with target costing and activity based costing [M]. Verlag Franz Vahlen. M. unchen. 2001

[55] 许淑君，马士华，等. 供应链企业间的交易成本研究 [J]. 工业工程与管理，2001 (6)：25～27，31

[56] 王志强，罗彪，余玉刚. 考虑顾客个性化需求基于 MTO 生产策略——供应链整体设计决策模型 [J]. 管理工程学报，2005 (9)：155～157

[57] 王福寿，马士华，杜旌. 面向即时顾客化定制的信息协调型供应链构建研究 [J]. 管理评论，2006 (2)：20～26

[58] 贺竹磬，孙林岩，汪翼. 采用优先权解码的多阶段供应链网络设计方法 [J]. 系统工程，2007 (1)：33～37

[59] 赵晓煜，黄小原，孙福权. 面向重要供应商和客户的供应链设计方法 [J]. 系统工程，2005 (6)：34～38

[60] 计小宇，邵震. 基于不确定规划的供应链网络设计模型与算法 [J]. 系统工程理论与实践，2007 (2)：118～122

[61] 孙会君，高自友. 供应链分销系统双层优化模型 [J]. 管理科学学报，2003 (6)：66～70

[62] 王迎军，高峻峻. 供应链分销系统优化及仿真 [J]. 管理科学学报，2002 (10)：79～84

[63] 常良峰，王静，黄小原．供应链的成本模型及其优化［J］．系统工程，2002（6）：13～18
[64] 柳键．基于时变需求的供应链基本库存水平优化研究．管理工程学报［J］，2006（4）：146～148
[65] 何勇，杨德礼，何炬，张醒洲．折损产品整合生产库存系统优化模型研究［J］．控制与决策．2004（11）：1278～1281
[66] 邵晓峰，季建华．大规模定制中延迟策略对库存成本的影响［J］．系统工程理论方法应用，2004（5）：385～389
[67] 唐宏祥，何建敏．供应链协作库存管理．系统工程理论方法应用［J］．2003（3）：232～236
[68] 文晓巍，达庆利．一类供应链中多产品的订购策略及实证研究［J］．管理工程学报，2007（1）：56～60
[69] 李随成，尹洪英．基于Q学习的供应链分销系统最优订货策略研究［J］．控制与决策，2005（12）：1404～1407
[70] 黄祖庆，达庆利，张钦．供应链中允许缺货情况下的合作竞争订货模型［J］．数量经济技术经济研究，2004（1）：87～93
[71] 李延晖，马士华，刘黎明．基于时间约束的配送系统模型及一种启发式算法［J］．系统工程，2003（4）：23～28
[72] 汪传旭．运输服务供应链中承运人选择和货载分配的优化决策［J］．系统工程理论方法应用，2005（4）：308～312

[73] 王发鸿，达庆利．回载可分的闭环供应链多车辆运输策略［J］．系统工程理论与实践，2007 (2)：105～111

[74] 欧佩玉，汪应洛，王平心．基于ABC的供应商选择与评价研究［J］．管理评论，2007（2）：46～51

[75] 陈畴镛，陆锦洪．基于数据挖掘方法的供应链合作伙伴选择［J］．数量经济技术与经济研究，2002（12）：79～84

[76] 戴勇．基于AHP的DEA分析基础上的虚拟物流企业联盟伙伴选择［J］．系统工程，2002 (3)：47～51

[77] 初颖，刘鲁，张巍．基于聚类挖掘的供应链绩效评价的标杆选择法［J］．管理科学学报，2004（5）：49～55

[78] 朱庆华，赵清华．绿色供应链管理及其绩效评价研究述评［J］．科研管理，2005（4）：93～98

[79] 王凤彬．节点企业间界面关系与供应链绩效研究［J］．南开管理评论，2004（2）：72～78

[80] 张玉林，陈剑．供应链中基于Stackelberg博弈的信息共享协调问题研究［J］．管理工程学报，2004（3）：118～120

[81] 潘景铭，唐小我．需求不确定条件下柔性供应链生产决策模型及优化［J］．控制与决策，2004（4）：411～415

[82] 唐林彬，梁樑，浦徐进．供应链中供应存在周

期性波动情况下的合作模型［J］．系统工程，2004（8）：24～27

［83］刘诚，陈治亚．基于最小成本的多物资需求的协作供应．系统工程［J］，2006（4）：13～16

［84］张新锋，赵彦．徐国华供应链中信息共享的管理激励研究［J］．管理工程学报，2006（2）：123～125

［85］黄祖庆，达庆利．基于一类两级供应链的激励机制策略研究［J］．管理工程学报，2005（1）：28～30

［86］李良，谢秉磊．供应链中的监督和激励．系统工程理论方法应用［J］，2002（1）：32～35

［87］Geoffrion A. M. andGraves G. W. Multicommodity distribution system design by Benders decomposition［J］. Management Science. 1974（20）：822～844

［88］Brawn G. G.，Graves G. W. and Honczarenko，M. D. Design and operation of a multicommodity production or distribution system using primal goal decomposition［J］. Management Science，1987（1）：1469～1480

［89］Artzen B. C.，Brown G. G.，Harrison T. B. and Trafton L. L. Global supply chain management at Digital Equipment Corporation［J］. Interfaces. 1995（1）：69～91

［90］Schneeweiss C. and Kirstin Z. Hierarchical coordination mechanisms within the supply chain［J］. European Journal of Operational Research，2004（153）：687～763

[91] Mokashi S. D., Kokossis A. C. Application of dispersion algorithms to supply chain optimization [J]. Computers and Chemical Engineering, 2003 (27): 924 ~949

[92] 韩庆兰. 供应链成本控制模型的构建研究[J]. 中南大学学报（社会科学版），2004, 10 (3)

[93] 范体军，胡清淮. 大型供应链设计的基本数学模型与算法研究 [J]. 中国管理科学. 2004, 12 (6): 46 ~51

[94] Bertazzi Luca, Speranza Maria Grazia. Minimizing logistics costs in multistage chain [J]. Naval Research Logistics, 1999, 46 (4): 399 ~417

[95] Vidal Carlos J, Goetschalckx Marc. Global supply chain model with transfer pricing and transportation cost allocation [J]. European Journal of Operation Research, 2001, 129 (1): 134 ~158

[96] Tyworth JE, Zeng AZ. Estimating the effort of carrier transit-time performance on logistics cost and service [J]. Transportation Reseach, 1998, 32 (2): 89 ~97

[97] Muhlemann AP, Valtis-Span NP. A Variable Holding cost rate EOQ model [J]. European Journal of Operational Reseacrh, 1980, 4: 132 ~135

[98] Van der Veen B. Introduction to the theory of operational reseach [M]. Philips Technical Library, Springer-verlag, New York, 1967

[99] Weiss HJ. Economic order quantity models with non-

linear holding cost [J] . European Joumal of Opear-tional Reseaerh, 1982, 9: 56 ~60

[100] Giri BC, Chaudhuri KS. Deterministic models of perishable inventory with stock-dependent demand rate and nonlinear holding cost [J] . European Journal of Operations Reseach, 1998, 105: 467 ~474

[101] Chen FY, Krass D. Inventory models with minimal service level constrains [J] . European Journal of Operational Reseach, 2001, 134: 120 ~140

[102] Woo YY, Hsu S. An Integrated inventory model for a single vendor and multiplebuyers with ordering cost reduction [J] . International Journal of Production Economies, 2001, 73: 203 ~215

[103] 吕芹，高峻峻．基于综合服务水平的分销系统成本优化模型 [J] ．系统工程增刊，2003

[104] Schwartz BL. A new approach to stockout penalties [J] . Management Science, 1966, 12: 538 ~544

[105] Ernst R, Powell SG. Manufacturer incentives to improve retail service level [J] . European Journal of Operational Reseach, 1998, 104: 437 ~450

[106] Daganzo CF. Logistics systems analysis. Third edition [M] . NY: Springer, 1999

[107] Swenseth SR, Godrfey MR. Incorporating transportation costs into inventory replenishment decisions [J] . International Journal of Production Eeonomies, 2002, 77: 113 ~130

[108] Haimovich M, Rinnooy KA. Bounds and heuristics

of capacitated routing problems [J]. Mathematics of Operations Reseach, 1985, 10: 527 ~ 542

[109] 胡刚. 供应链管理. 北京: 化学工业出版社 [M], 2005

[110] 黄火亮. 我国零售业供应链成本管理研究 [D]. 南京理工大学硕士论文, 2007

[111] Ansari S. L., Bell J. Target costing—the next frontier in strategic cost management [M], Chicago: Irwin Professional Publishing, 1999

[112] Smith W. I., Lockamy A. Target costing for supply chain management: an economic framework [J], The Journal of Corporate Accounting & Finance, 2000, 15 (3): 67 ~ 78

[113] 宋华. 企业物流成本核算及管理体系优化 [J]. 商业时代, 2007, 12: 56 ~ 70

[114] 桂良军, 薛恒新, 等. 供应链成本集成研究 [J]. 企业管理, 2004, (9): 109 ~ 114

[115] 周水银, 陈荣秋. 物资采购中的供应链管理: 集成供应 [J]. 中国物资流通, 2000.6: 36 ~ 39

[116] Ghodpour S H, O' Brien C. The total cost of logistics in supplier selection under condition of multiple sourcing, multiple criteria and capacity constraint [J]. International Journal of Production Economics, 2001, 73: 15 ~ 27

[117] Kim B, Leung J M Y, Park K T, Zhang G, Lee S. Configuring a manufacturing firm's supply network with multiple suppliers [J]. IIE Transac-

tions, 2002, 34 (8): 663 ~677

[118] 程海芳，张子刚．多供应商条件下集成供应商订货模型研究［J］．工业工程与管理，2004.4：27 ~30

[119] 程海芳，张子刚．基于集成供应的RS契约协调模型研究［J］．管理学报，2006.3 (3)：273 ~276

[120] 贺政刚，贺国强，等．基于相关总成本的采购联盟形成动力研究［J］．公路交通科技，2006.23 (11)：146 ~149

[121] 陈娟，李董辉，等．配送量不定的供应链协调［J］．运筹与管理，2006 (2)：140 ~146

[122] 刘钰琛，周溪召．多供应商条件下多批次配送模型及算法研究［J］．宁波大学学报（理工版），2007.20 (2)：274 ~277

[123] Aksoy Y, Erenguc S. Multi-item inventory models with coordinated replenishments: a survey [J]. International Journal of Production Management, 1998, 32 (8): 647 ~671

[124] Gurnani H. A study of quantity discount pricing models with different ordering structures: order coordination, order consolidation and multitier ordering hierarchy [J]. International Journal of Production Economics, 2001, 72 (3): 203 ~225

[125] 李波，杨灿军，等．基于合作对策的行业联合采购费用分摊研究［J］．系统工程理论与实践，2003，23 (11)：65 ~70

[126] Von Neumann, Moegenstern O. Theory of game

and economic behavior [M]. Princeton: Princeton University Press, 1944

[127] Thmas L C. Games theory and applications [M]. Ellis: Horwood Limited, 1984: 86 ~ 89

[128] N. X. Jia, R Yokoyama. Profit allocation of independent power producers based on cooperative game theory [J]. Electrical Power and Energy System, 2003, (25): 633 ~ 641

[129] Voropai Nikolai I, Ivanova Ekaterina Yu. Shapley game for expansion planning of generating companies at many non-coinciding criteria [J]. IEEE Transactions on Power Systems. 2006, (21): 1630 ~ 1637

[130] 吴育华，赵强，王初．基于多人合作理论的供应链库存利益分配机制研究 [J]．中国管理科学，2002，10 (6)：44 ~ 47

[131] 戴建华，薛恒新． 基于 Shapley 值法的动态联盟伙伴企业利益分配策略 [J]． 中国管理科学，2004，12 (4)：33 ~ 36

[132] 刘浪，唐海军，陈仲君． Shapley 值在动态联盟利益分配博弈分析中的应用 [J]．工业工程，2006，9 (6)：118 ~ 121

[133] P. A. Kattuman, R J Green, JW Bialek. Allocation electricity transmission costs through tracing: a game-theoretic rationale [J]. Operations Research Letters, 2004, (32): 114 ~ 120

[134] Hartanto Wong, Drik Van Oudheusden, Drik Cat-

trysse. Cost allocation in spare parts inventory pooling [J]. Transportation Research Part E, 2007, (43): 370～386

[135] Suresh Mutuswami. Strategy proof cost sharing of a binary good and the egalitarian solution [J]. Mathematical Social Sciences, 2004, (48): 271～280

[136] D Lee. Game-theoretic procedures for determining pavement thickness and traffic lane costs in highway cost allocation [D]. Thesis, Texas A&M University, 2002

[137] 陈文颖，侯盾. 基于多人合作对策思想的总量控制优化治理投资费用分摊方法 [J]. 环境科学学报，1999，19 (1): 57～62

[138] 陈伟，查迎春. 关于成本分摊的合作博弈方法 [J]. 运筹与管理，2004，13 (4): 54～57

[139] 熊国强. 多人合作费用分摊的多目标规划解法 [J]. 运筹与管理，2006，15 (2): 13～17

[140] 孔维莎，张强. 基于 Hukuhara-Shapley 值的共同配送成本分摊策略 [J]. 物流技术，2007，26 (10): 49～52

[141] Nalebuff Barry, Brandenburger Adam. Competition [M]. ISL Frlag AB, Oskrshamn, 1996

[142] 于维生. 博弈论与经济 [M]. 北京：高等教育出版社，2007

[143] Young H P et al. Cost allocation in water resources development [J]. Water Resources Research,

1982, 18 (3): 463 ~ 475

[144] 徐向阳, 安景文等. 多人合作费用分摊的有效解法及其应用 [J]. 系统工程理论与实践, 2000, 3 (3): 116 ~ 120

[145] Tijs S N, Driessen T S H. Game theory and cost allocation problems [J]. Management Science, 1986, 32 (8): 1015 ~ 1028

[146] Heaney J P et al. Methods for apportioning the cost of a water resource project [J]. Water Resources Research, 198218 (3): 476 ~ 482

[147] 陈文颖. 大气污染总量控制规划方法与智能决策支持系统 [D]. 北京: 清华大学博士学位论文, 1996

[148] 段贵军. 供应链中企业协同及其收益分配 [D]. 大连海事大学硕士论文, 2007

[149] 马士华, 王鹏. 基于 shapley 值法的供应链合作伙伴间收益分配机制 [J]. 工业工程与管理. 2006, 4: 43 ~ 45

[150] 武玉婧. 在 $n$ 人博弈中局部合作与成本分摊方法的研究 [D]. 哈尔滨工程大学硕士学位论文, 2006

[151] Pawlak Z. Rough sets: Probability versus deterministic approach [J]. Int. J. Man-machine Studies, 1988, 29: 81 ~ 95

[152] 曹秀英, 梁静国. 基于粗集理论的属性权重确定方法 [J]. 中国管理科学, 2002, 10 (5): 98 ~ 100

[153] 张文修，吴伟志，梁吉业，等. 粗糙集理论与方法［M］. 北京：科学出版社，2000：32～46

[154] 李树丞，胡芳. 基于模糊粗糙集的供应商绿色评价体系研究［J］. 财经理论与实践，2006，27（142）：97～100

[155] 周艾飞，陈治亚，刘力存. 基于粗糙集的供应链合作伙伴选择［J］. 物流技术，2007，26（8）：178～181

[156] Anna Dubois, Strategic cost management across boundaries of firms［J］. Industrial Marketing Management, 32 (2003) 365～374

[157] 桂良军. 2005. 供应链成本管理理论基础和方法研究［J］. 会计研究. 4：51～55

[158] Varun Grover, Manoj K. Malhotra. Transaction cost framework in operations and supply chain management research: theory and measurement［J］. Journal of Operations Management. 2003, 21: 457～473

[159] Neeraj Bharadwaj, Ken Matsuno. Investigating the antecedents and outcomes of customer firm transaction cost savings in a supply chain relationship［J］. Journal of business research. 2006, 59: 2～72

[160] Willie Seal, Anthony Berry, John Cullen; Disembedding the supply chain: institutionalized reflexicity and inter-firm accounting［J］. Accounting, Organizations and Society, 2004 (29): 73～92

[161] Williamson O. E, Transaction cost economics. New

York：Free Press，1995

[162] Masaaki，Imai. The Key to Japan's competitive success [M]. Random House Business Division，New York.，1986

[163] 隋明刚，魏嶷. 综述供应链库存成本研究的现状及其发展趋势 [J]. 物流技术，2000，（5）：28～32

[164] 张思复，蔺敏，张薇，方平. 基于作业成本思想的业务流程成本计算研究 [J]. 重庆大学学报（社会科学版），2006，（2）：53～57

[165] 周敏，王成钢. 企业物流成本计量模型及其应用研究 [J]. 上海立信会计学院学报，2006. 10

[166] Anna Dubois. Strategic cost management across boundaries of firms [J]. Industrial Marketing Management，2003（32）：365～374

[167] Willie Seal，Anthony Berry，John Cullen. Disembedding the supply chain：institutionalized reflexivity and inter-firm accounting. Accounting，Organizations and Society [J]. 29（2004）：73～92

[168] 殷俊明，王平心，等. 供应链成本管理：发展过程与理论结构 [J]. 会计研究，2006. 10：44～49